生成文法理論の哲学的意義

言語の内在的・自然主義的アプローチ

生成文法理論の
哲学的意義

言語の内在的・自然主義的アプローチ

阿部 潤

開拓社

は　し　が　き

　本書は，Chomsky (2000) の *New Horizons in the Study of Language and Mind*（略して，*NH*）および Chomsky (1966/2009) の *Cartesian Linguistics*（略して，*CL*）の内容を基に，「生成文法理論の哲学的意義」を考察するものである．この理論は，様々な意味で言語学に革命をもたらしたと評される反面，経験主義の流れを汲む言語哲学者からは，その方法論に関して様々な疑義や異論が噴出し，この理論の根底を揺さぶるような主張が数多くなされている．本書では，生成文法理論の観点に立ち，これらの批判が正当なものかどうかをチョムスキーの主張に沿って考察していくことを主眼としている．したがって，読者によっては，本書の内容が「生成文法理論寄り」との印象を抱くかも知れないが，そういう読者にあっては，本書が少なくとも「何が争点になっているのか」もしくは「生成文法理論にとって，何が争点と考えられるのか」に関する理解を促すものとして受けとめて頂きたい．

　「生成文法理論の哲学的意義」を考察するためには，まずもって「哲学」の意味するところを多少明らかにしておく必要がある．西洋哲学史をひもといて出くわす哲学者は，主に形而上学や認識論について論じているが，これらの「哲学者」がもし現代の学問体系の中で何か役割を演じるとすれば，それは一体どのようなものであろうか．この問いを考察するにあたって一つ重要なことは，現代の学問体系の中心的役割を担っている「科学」が，17世紀のいわゆる科学革命の時代そしてその後しばらくの間，「哲学」と明確な区別を持たなかったという事実である．本書でも度々登場するデカルトも，一般には哲学者と見なされているが，その内容をひもといてみると，物理学の基本とも言える「接触力学」(contact mechanics) を提唱

し，その原理に基づいて，宇宙の星の運行を説明したり，はたまた心臓と動・静脈の血液の循環のメカニズムを明らかにしたりと，現代であれば科学者と見なされるような貢献をしている．このような考察によって一つ明らかなことは，現代の学問にあって最も客観的であり真実を反映したと見なされる「科学的説明」以外に「哲学的説明」のようなものは存在する余地がないということである．そしてこのことは，デカルトの二元論の言葉を借りれば，「身体」の説明のみならず，「精神」の説明においてもまた然りである．ヒュームは，みずから遂行した人間の心の研究を，「自然学」で用いられる「実験的論究方法を精神上の主題に導入する企て」と称し，心の研究について以下のように述べている．

「細心且つ正確な実験に依らない限り，即ち心の様々な事情及び状況から起る個々の結果の観察に依らない限り，心の様々な力能及び性質に関する何等かの思念を作ることは，外物の場合と等しく不可能であるに相違ない… 飽くまで実験を行い，すべての結果を極めて単純な且つ極めて少数の原因から解明し，依って以て全原理を能う限り普遍的ならしめるように力めなければならない …」

(ヒューム『人性論』大槻春彦訳 23 〜 24 ページ)

生成文法理論は，言って見れば，このヒュームと同様の研究手法を掲げ，人間に内在する言語機能を科学的に解明しようとするものである．したがって，「生成文法理論の哲学的意義」を考察するということは，とりもなおさず，この研究手法の是非を問題にするということになる．そして，この問題を考察するには，「哲学者の目」が不可欠である．この点に関して，ウィトゲンシュタインの「哲学の目的」に関しての言説は示唆的である．

「哲学の目的は思考の論理的明晰化である．
哲学は学説ではなく，活動である．

哲学の仕事の本質は解明することにある．

哲学の成果は「哲学的命題」ではない．諸命題の明確化である．

思考は，そのままではいわば不透明でぼやけている．哲学はそれを明晰にし，限界をはっきりさせねばならない．」

(ウィトゲンシュタイン『論理哲学論考』野矢茂樹訳四・一一二)

結局，「哲学者の目」として要求されているのは，研究内容の真偽の見定めではなく，研究手法の「論理的明晰化」にあると言える．

生成文法理論の言語アプローチに関して争点となるのは主に以下の三点である．

1) 内在的 (internalist)
2) 自然主義的 (naturalistic)
3) 心理的 (mentalistic)

「内在的」とは，人間の脳内にある言語能力を司る言語機能を研究対象とするということであり，「自然主義的」とは，この言語機能を自然界の一部として捉え，自然科学の方法論に従うとするものであり，そして「心理的」とは，言語機能を物理的基盤から抽象されたレベルで研究を行うということである．読者にあっては，これらの争点を考察するに当たって，是非ともウィトゲンシュタインの「言説」を頭に置いていてほしい．

本書を執筆するきっかけは，慶應義塾大学教授の北原久嗣氏に，*NH* や *CL* を含め，チョムスキーの言語哲学に関する著書をテーマにしたセミナー形式の講義を依頼されたことによる．このような機会がなければ，言語哲学をテーマに本を書いてみようなど思いも寄らなかったであろう．北原氏には深く感謝したい．また，これまで講義を三度行ったが，それぞれ二日間にわたる長丁場にもかかわらず，聴講者から質問や意見など活発な発言があり，また熱心な議論のやり取りができ，私にとって非常に有意義であった．とりわけ，慶應義塾大学言語研究所の元教授であられる西山

佑司先生には，様々なご指摘を頂き，本書を執筆する際にいろいろと参考にさせて頂いた．心から謝意を表したい．最後に，開拓社の川田賢氏には，本書の趣旨に興味を示され，出版に向けて助力頂き，感謝申し上げる．

2016 年　白露

阿部　潤

目　次

はしがき

第 1 章　言語に対する生成文法のアプローチ …………… 1
1. 内在的言語の基本的特性 ………………………………… 9
2. 言語能力と言語使用 ……………………………………… 12
3. 内在的言語の生得性 ……………………………………… 15
4. 普遍文法のすがた ………………………………………… 21
5. ミニマリスト・プログラム ……………………………… 27

第 2 章　方法論的二元論と言語に対する外在的アプローチ：
パットナムの場合 ……………………………… 33
1. 反自然主義的アプローチ ………………………………… 34
2. 言語に対する外在的アプローチ ………………………… 39
3. 「規則に従う」とは？：ウィトゲンシュタインのパラドックス
 ………………………………………………………………… 49
4. 語の意味と社会的役割：Putnam (1975) ………………… 59
5. 何でも理論の誤謬：Davidson (1986) …………………… 70
6. パットナムによる反論：社会的実在としての言語 …… 77
7. 文法の自律性：サールによる批判 ……………………… 83

第 3 章　方法論的二元論：クワインの場合 ･････････････････ 93
　1．全体主義：分析的真理と綜合的真理の区別の否定 ････････････ 94
　2．根元的翻訳パラダイム ･････････････････････････････････ 97
　3．「意識化できない規則に従う」とは？ ････････････････････ 104
　4．言語学的証拠と心理学的証拠 ･･････････････････････････ 110
　5．言語獲得の問題：行動主義 ････････････････････････････ 119

第 4 章　心身問題 ･････････････････････････････････････ 141
　1．生成文法理論にとっての心身問題 ･･････････････････････ 142
　2．「機械の中の幽霊」に基づく自然主義 ･･･････････････････ 147
　3．唯物主義の批判：機能主義 ････････････････････････････ 152
　4．唯物主義の批判：サール ･･････････････････････････････ 157
　5．反心理主義：意識化の問題 ････････････････････････････ 162

第 5 章　生物言語学：デカルト派言語学を乗り越えて ･･････ 167
　1．デカルト派言語学：言語使用の創造性 ･･････････････････ 169
　2．デカルト派言語学を乗り越えて ････････････････････････ 175

参考文献 ･･ 183

索　　引 ･･ 189

生成文法理論の
哲学的意義

言語の内在的・自然主義的アプローチ

第 1 章

言語に対する生成文法のアプローチ

　言語を研究する上で，最初に問われなければならないのは，研究対象である「言語」とはいかなるものであるかという「言語の実在性」の問題であろう．この問題を考察することは，チョムスキーが提唱する生成文法 (generative grammar) 理論の基本的スタンスを理解するのに大いに役立つ．また，この問題に対するチョムスキーのスタンスが一般に受け入れられた見方とは正反対である点において，とても興味深い．
　もし，「言語はどこに，いかなる形で実在するか」と問われたら，どう答えるであろうか．おそらく最も一般的に受け入れられている見方は，「言語は社会的または文化的共有財産」とでも表現されるうるものであろう．原初の時代から，長年にわたって社会や文化によって培われてきた所産として今日の言語が存在すると考えるのは，ある意味においてごく自然な見方である．そして，この考え方に立てば，個々人はある社会に参画することにより，この共有財産としての言語を知識として吸収し，それを運用する能力を身に付けると見なすことができる．この考え方は一般的によく受け入れられた立場であると思われるし，また，学者の間でも，言語学者，哲学者そして脳科学研究者等，幅広く支持されている．この見方から

すると，研究対象となるのは「共有財産としての言語」であり，例えば，この言語を基に個々人が身に付けた言語知識は副次的なものであり，直接の研究対象とはなりえないであろう．

　これに対して，チョムスキーは，言語の実在性について「言語の本質的な部分は個々人の頭の中に存する」と答えるであろう．この頭の中に存するものとしての「言語」を社会的・文化的共有財産としての「言語」と区別するために，チョムスキーは前者を**内在的言語（I-language）**と呼び，後者を**外在的言語（E-language）**と呼んで，以下のように特徴づけている．

(1) I-language refers to "an individual phenomenon, a system represented in the mind/brain of a particular individual." E-language is "some kind of social phenomenon, a shared property of a community." 　　　　　　　　(Chomsky (1988: 36-37))
（内在的言語は個人的現象を指し，個人の脳／精神に表示されたシステムを指す．外在的言語はある種の社会現象であり，ある共同体の共有された特性である．）

内在的言語とは，言ってみれば，個々人の言語知識であり，それをある体系化されたシステムとして捉えられたものである．チョムスキーは，かつて，これを「文法」と呼んでいたが，今では，内在的言語の諸特性を捉えた理論を「文法」と呼ぶ．この考え方に基づけば，外在的言語を研究対象とする学者とは異なり，直接の研究対象は，あくまでも個々人の頭の中に存在する言語知識であり，いわゆる「社会的・文化的共有財産としての言語」は副次的なものということになる．その際，言語知識をある体系化されたシステムとして捉えると言う点に，ある重要な意味が込められている．それは，チョムスキーが内在的言語と言う場合に指し示しているのは，語彙の意味や起源といった，いわゆる「言葉に関する意識化できる知識」というようなものではなく，「無意識のうちに身に付けている言語の

形式上の規則性に関する知識」とでも言えるようなものであり，通常我々が「知識」と言った場合に思い浮かべるものとは質を異にしている．前者の知識は，確かに「社会的・文化的共有財産としての言語」をその出所として想定できるようなものであるのに対して，後者の知識は，例えば，「文は NP や VP などの句からなる階層構造を成している」とか「wh 疑問文には，WH 移動規則と 主語-助動詞倒置規則のような変形規則を用いて捉えられるようなデフォルメされた特徴が見られる」とか「代名詞の解釈規則には，c-統御のような構造上の階層関係に依拠した条件が働いている」など，言語の形式上の諸特徴のことを指し示している．生成文法理論は，これらの「無意識の知識」を言語の本質と捉え，それを解明するのが最大の目標である．このような言語に対するアプローチをチョムスキーは**内在的 (internalist) アプローチ**と呼ぶ．

この内在的言語をターゲットとする生成文法理論の第二番目の特徴は，これらの知識を子供はどうやって身に付けたのかという言語獲得に対するスタンスに現れる．一般的に言って，「子供はどうやって言葉を獲得したのか」と聞かれれば，たいていの人は，「親や周りの大人に教わることによって」と答えるのではないであろうか．このように，知識はもっぱら経験から得られるとする立場を**経験主義 (empiricism)** と呼ぶ．上で，外在的言語をその研究対象とする立場の学者が多く存在することを述べたが，これらの学者は，言語獲得の問題では，経験主義の立場を取るのが普通である．というのは，外在的言語を一義的に考え，個々人の言語知識は基本的にこの外在的言語に接することによって得られるものであると見なす立場では，その言語知識の出所を基本的に外在的言語に帰するのが一般的であるからである．これとは反対に，チョムスキーの生成文法理論は，チョムスキーが言う意味での言語知識の多くが生得的知識に帰せられるという点において，**合理主義 (rationalism)** の立場を取っている．換言すれば，上で例に出した句構造規則，変形規則そして代名詞の解釈規則等によって捉えられた言語の形式上に関わる諸特性の多くが，子供が接する経験から

得られるとは考えがたく，それを生得的なものと見なすのが最も自然であると考える．この経験主義と合理主義の立場のどちらが正しいのかについては，今でも論争が続いているが，その論争の焦点が必ずしも事実としてどちらが正しいのかという経験的問題に集約しているわけではなく，どちらかと言うと「哲学的論争」を引き起こしている感がある．その最たる理由として，何をもって言語知識と見なすかに関して，チョムスキーの立場と経験主義者の立場で大きく異なっていることが挙げられる．経験主義者は，往々にして，語彙の意味や，動詞・名詞などの屈折変化等，語彙形態に関するものなど，どちらかと言えば意識化可能なものを言語知識の中心に据え，これらの知識は，例えば，算数の加減乗除の知識等，他の一般的知識と同等に扱う傾向にあるのに比して，チョムスキーが言う言語知識は，上述のように，より抽象的な言語形式に関する無意識の知識を指している．チョムスキーは常々言語獲得の問題は経験的問題に帰せられるべきだと主張するが，この何をもって言語知識と見なすかに関する見解の溝が問題を複雑にし，特に言語哲学者の間で，チョムスキーが言う意味での言語知識という概念を疑問視する傾向がある．このように，言語獲得の問題は言語の実在性の問題と密接に絡み合い，生成文法理論と経験主義的立場の対立を浮き彫りにしている．

　この二つの立場は，また，その対象を内在的言語とするのか外在的言語とするのかによってその方法論に違いが見られる．外在的言語をその研究対象とする場合，その研究が属する領域は，社会学，文化人類学，民族学等と同類のものと見なされるであろう．その研究手法は主に，当該の言語の発話データを収集し，そこから様々の断片に，ある基準に従って音声分類を施したり，語彙分類を施し，その組み合わせから生まれてくる一般的パターンを見つけ出し，最終的には，その言語を体系的に捉えたいわゆる「文法」なるものをこしらえるといったようなものとなる．その際，どのような基準を用いて分類するのかとかパターン化するのかといった問題は，どちらかと言えば，単なる便宜上のものとなり，当該言語が持つ様々

な側面のどの部分に焦点を当てるかによっても変わりうるもので，その基準自体やそれに従って作り上げられた文法に対して，実在性とか真実性が問題となることはほとんどない．これに対して，内在的言語を研究対象とする生成文法理論は，心理学や生物学の領域に属するものと見なすことができ，その研究対象となるのは，人間の脳内部に備わっている言語知識の解明である．したがって，生成文法理論は自然科学の一部であり，これをチョムスキーは，**自然主義的 (naturalistic) アプローチ**と呼ぶ．

上で，内在的言語とは，「言語知識の体系化されたシステム」であることを述べたが，チョムスキーは，これを**言語機能 (the faculty of language)** と名づけ，通常の自然科学で用いられている手法と同様の仕方で解明しようとする．したがって，この言語機能の諸特性を解明すべく構築された理論は，例えばアインシュタインの相対性理論と同様の実在性をもち，またその理論の真実性が問われることになる．その際，理論の証拠として用いられるデータには，あらかじめ定められた基準や指針などがあるわけではなく，基本的には，理論を支持するものであればどんな類いのデータでも証拠として採用されることになる．自然科学に携わっている研究者にとってみれば，これは全く自明なことと思われるであろうが，言語学の世界ではそうはいかない．上述のように，外在的言語を研究対象とする言語学者にとって，データとは概ね発話データのことを意味する．外在的言語を研究対象とすれば，これはごく自然なことであろう．そして，それらのデータから言わば当該の言語の「文法的な文」を特徴づけるのがその主な仕事である．外在的言語を一義的に考えるこれらの言語学者にとって，発話データは，例えば，個々人が持っている言語知識を解明するためのデータとは，はっきりと区別される．前者が言語学プロパーに属するものであるのに対して，後者は心理学に属するものと見なされる．この後者に属するデータとして生成文法理論で通常用いられているのが，研究者が実験的にこしらえた文をネイティブスピーカーに容認可能かどうか**内省 (introspection)** によって判断してもらうものである．このデータは，実

験的にこしらえたものであるが故に，発話データには決して現れないものが含まれる．例えば，非容認性の文は発話データには現れない．こういった，現実には起こらない現象を実験によって人工的に作り出し，それをデータとして採用するというやり方は，自然科学の世界ではごく当たり前のことである．ところが，チョムスキーと立場を異にする多くの言語学者や哲学者は，こういった類いのデータをほとんど証拠として認めない傾向がある．その原因として考えられるのが，言語学プロパーのデータと心理学のデータとの色分けである．生成文法理論の立場では，この色分けが何の意味も成さないことに注意されたい．この立場では，内在的言語の諸特性を「文法」という形で捉えるのだが，それに関係するデータは何であっても証拠として採用しうる．ところが，「文法」というものを，外在的言語を発話データに基づいて特徴づけたものと見なす者にとっては，データは言語学プロパーのものでなければならず，内省によるデータなど文法構築にとっては何の関連性もないものと見なす傾向がある．こういうふうに見てくると，生成文法理論とは，言語学と心理学の壁を取っ払い，内在的言語を純粋に自然科学的手法を手本として解明する理論であると言うことができよう．

　上で，内在的言語とは「言語知識の体系化されたシステム」であり，チョムスキーは，これを言語機能と名づけていることを述べたが，この「言語機能」が意味するところのものを，もう少し詳しく解説する必要がある．「言語機能」なるものはいったいどこに存在するのか，と尋ねられれば，脳内部であると答えることに，異論を唱える者はいないであろう．それでは，脳内部のどの部分にこの器官が存在するのか，と尋ねられれば，これに対するはっきりした答えは今のところ見出されてはいない．それでは，言語機能なるものを想定する意味があるのかと疑問に思われるかも知れないが，チョムスキーは，この言語機能について，以下のように述べている．

(2) The faculty of language can reasonably be regarded as a "language organ" in the sense in which scientists speak of the visual system, or immune system, or circulatory system, as organs of the body.　　　　　　　(Chomsky (2000 [以下，*NH* と略す]: 4))
（言語機能は，科学者が視覚システムや免疫システムや血液循環システムを身体の器官として話すのと同じ意味で，「言語器官」と見なすのは適切である．）

すなわち，この言語機能というものは，脳内部のある物理的部位を指し示すものではなく，機能的な観点からある統一性を持った一システムを意味するものであり，ちょうど，視覚システムとか免疫システムとか血液などの循環システムに対応するような実在物である．したがって，生成文法理論が，この言語機能の解明を目指すとは言っても，その物理的基盤，例えば，それが，どういった神経組織のネットワークから成り立ち，どういった化学物質が情報伝達に携わっているのか，といった問題を扱うわけではなく，言ってみれば，ある抽象化されたレベルで，その機能的諸特性を明らかにすることを目指すものである．この抽象化された言語機能の状態を，その物理的状態と区別するために，「**心理的・心的状態**」(**psychological/mental state**) と呼ぶのが生成文法理論での習わしである．このような観点からすると，いわゆる「**心身 (mind-body) 問題**」と言われるものは，同じ対象物を別々のレベルで研究することから生じる「**統合 (unification) の問題**」に帰せられることになる．すなわち，いかにして「心理的・心的状態」の諸特性が「脳」という物理的基盤に反映されているのかという問題である．この点については，第4章で詳しく述べる．

　ある実在物をその物理的状態から抽象化し，それを一つの機能的まとまりと見なして，その解明を目指すというやり方は，自然科学で取られる手法として珍しいことではない．チョムスキーがよく引き合いに出す例は，19世紀の化学の世界で，その当時は，原子や分子の概念を用いて様々な

化合物の特性を捉えていたが，この原子や分子の物理的基盤というものは，まだわかっておらず，これらの概念は，言わばある機能的まとまりを表すものと仮定されていた．当時，物理的基盤を持たないこれらの概念を用いた説明に対して，懐疑的立場を表明する学者もいたが，後の化学と物理学の発展を見れば，これらの概念を使って解明されたことが，どれほど後の発展に寄与したかは明らかである．

　ここでは，もう一つ別の例を考察してみたい．それは，現在の生物学で話題の中心を成す「遺伝子」という概念についてである．今日，研究者がこの概念に言及する場合，主にその物理的基盤に依拠した言及の仕方と，その働きに依拠した言及の仕方と，二種類存在する．前者の意味での「遺伝子」とは，例えば，以下のように定義される．

> (3) 遺伝子は分子的に見ると DNA の断片で，染色体上の一定の場所をしめ，四種の塩基，A（アデニン），T（チミン），G（グアニン），C（シトシン）を文字として一列に書かれた遺伝的命令文とみなすことができる．　　（木村資生『生物進化を考える』196 ページ）

これに対して，「遺伝子」の機能に基づいた定義の仕方は，主に生物進化を考察する際に用いられる．

> (4) 遺伝子は，自然淘汰の単位として役立つだけの長い世代にわたって続きうる染色体物質の一部と定義される．
> （リチャード・ドーキンス『利己的な遺伝子』日高敏隆・岸由二・羽田節子・垂水雄二訳 54 ページ）

この定義の中で，「自然淘汰の単位」というのがまさに機能的にまとまりを成すもののことであり，例えば，メンデルの法則において，優性と劣性の対立遺伝子が掛け合わされた後，雑種第二代において優性の発現形と劣性の発現形が三対一になるという場合の，優性遺伝子と劣性遺伝子がまさにこの機能的な意味での遺伝子にあたる．この場合と同様の意味で，生成

文法理論では，機能的にあるまとまりを持った言語器官を措定し，その諸特性を科学的に解明しようと試みるのである．

1. 内在的言語の基本的特性

チョムスキーは内在的言語の基本的特性を考察するにあたって，まず「言語使用の創造性」(creativity of language use) に着目する．これは，西洋哲学史を遡れば，少なくともデカルトの二元論において見出される言語に対する見方である．デカルトは，人間の精神が身体とは切り離された別個の独立した存在物で，身体も含め他の有機体には見られない特異な性質を持つものとしてこれを別扱いにし，「二元論」を主張する．その最たる性質は，人間の身体や他の動物などはその機能特性を機械論的に捉えることが可能なのに対して，人間の精神はその創造的な思考の働き故に機械論的把握を越えている点にある．そして，そのような精神の特性が具現化されたものが言語であるとデカルトは考えた．ここに，「言語は思考の反映である」が故に，思考が持つ創造性を引き継いでいるという考え方を読み取ることができる．Chomsky (1966/2009) は，「言語使用の創造性」について，次のように述べている．

(5) in its normal use, human language is free from stimulus control and does not serve a merely communicative function, but is rather an instrument for the free expression of thought and for appropriate response to new situations.

(Chomsky (1966/2009 [以下，*CL* と略す]: 65))

（人間言語は，通常用いられる場合，刺激のコントロールから自由であり，単にコミュニケーションの機能を果たすために用いられるのではない．そうではなくて，思考の自由な表現や新た

な状況に対する適切な応答のための手段として働くのである．）

この考え方に立てば，言語は，一義的には，単なるコミュニケーションの手段として存在するのではなく，人間の内部に本性的に根ざした思考の表現手段であると見なされる．

　チョムスキーは，ここで言う「言語の創造性」という概念を，以下の三つの特性を兼ね備えた概念であると解説する．

(6) 　i) innovative;　ii) stimulus-free;　iii) appropriate to situations
　　　（i) 創造力に富んだ；　ii) 刺激から自由；　iii) 状況に対して適切な）

第一の特性は，母語話者がこれまで話したり聞いたりしたことのない文を無際限に生み出したり理解することが可能だというものであり，創造性の基本とも言える特性である．第二の特性は，言語の使われ方が，刺激に対する条件反射とは違って，ある一定の言語刺激に対してある定まった言語反応を呼び起こすというようなものではなく，基本的には，言語刺激の有無やその内容に依存することなく，自由に言語が使用されうるというものである．そして，第三の特性は，言語使用が刺激から自由とは言っても，無秩序で恣意的なものというのではなく，そこには与えられた状況に対するある意味での客観的適切性が伴っているということである．

　フンボルトは，この言語使用の創造性に着目し，その背後にあって，この創造性を支える**「言語形式」**の存在を主張する．以下，その主張を端的に表した個所を引用する．

(7) 　「発話というものは，言語の要素を駆使して，気儘に飛び廻ろうとする思考を無際限に組み合わせてゆこうと思うのであるし，こういう組み合わせの無限性がいささかでも制限されることがないよう留意するものである．このように，あり得る思考結合をすべて表現するということの根底に横たわっているのが，文

の構成である．そして単一な文の部分となり得るそれぞれのものが，恣意的にではなく，文というものの本質から汲み取られた必然性にしたがって，配列されたり分離されたりするとき，上述の思考の自由の飛翔が可能となるのである．」

(フンボルト『言語と精神』亀山健吉訳第27節，192ページ)

総じて言えば，今問題となっている言語使用の創造性とは，フンボルトの言う「言語形式」という規則体系に裏打ちされた創造性ということである．チョムスキーは，この考え方に従って，言語の創造的使用を保証するような「言語形式」とはいかなるものかという問題を内在的言語の解明における最大の関心事と位置づけている．とりわけ，フンボルトの "the infinite use of finite means"（有限の手段の無限の使用）という言葉を引用して，言語機能という物理的にスペースの限られた器官を特徴づける文法の解明を目指すものであれば，このフンボルトの問題に解決を与える形で文法構築が成されるべきであることを力説している．この考え方に基づけば，文法が単に羅列された文の集合から成るものではないことは明らかである．というのは，このような文法では「言語の無限性」を捉えられないからである．この条件を満たすために，チョムスキーは，その当時発達していた科学の数学的定式化の手法を用いて，文法をあるいくつかの基本単位とそれに適用する規則の集合とみなし，その規則の中に回帰的（recursive）ステップを取り入れるなどして，その規則の掛け合わせによって，無限の文生成が可能になるようなモデルを構築している．こうすることによって，有限の基本単位と規則の集合からいわゆる人間言語に特有とされる**離散的無限性 (discrete infinity)** が導き出される．この点で，人間言語は他の「動物言語」とは明確に区別される．よく動物や鳥も「ことば」を持つと言われるが，そのパターンは有限であるかもしくは連続的（continuous）であり，「離散性」と「無限性」の両方を備えたものは，人間言語以外には見つかっていない．

2. 言語能力と言語使用

　今ここで「文法」と呼んでいるもの（フンボルトの用語では「言語形式」に相当する）は，言ってみれば，言語使用の背後にあってそれを規制するスタティックな一言語部門であり，この文法自体が実際の言語使用を直接説明するようなものではないことに留意してほしい．チョムスキーは「文法」を実際の言語使用からは独立した抽象的な構築物と考え，言語使用を扱う部門と切り放して考えている．これがいわゆる**コンペタンス (competence)** と**パフォーマンス (performance)** の区別である．コンペタンスが文法に相当し，パフォーマンスは言語使用を扱う部門である．（上で言語機能という用語を用いてきたが，この用語はしばしば二義的に使われ，コンペタンスとパフォーマンスの両方をひっくるめて用いられたり，コンペタンスのみを指すものとして用いられたりする．）チョムスキーは，パフォーマンスが言語使用の創造的側面の解明にあたるものであることから，これを「**デカルトの問題**」と呼んでいる．この問題の解明には，精神活動全般に関わる様々な要因が関わっていると考えられ，まだまだ未解明の部分が多い．発話された文を聞き手が実際にリアルタイムでどのように解析するのかといったいわゆる文処理に関する研究は，盛んに行われているが，文を作り出す側については，どのようなメカニズムが関わっているかについて，研究が進んでいるとは言い難い．さらに，これらの問題に加えて，発話者の意志や意図，そして信念が，言語使用とどう関わってくるのかといった問題となると，ほとんど科学的研究の範囲を超えているようにも思われる．

　学者によっては，パフォーマンスの問題を棚上げにして，コンペタンスの問題に専心する生成文法理論家の態度を疑問視する向きもある．人間の脳内部に備わっている言語能力を解明しようとするのであれば，当然パフォーマンスの問題は切っても切れないものであると言うのである．この

主張の背後には，言語能力は，主にパフォーマンスを通じて獲得されるという経験主義的または行動主義的考え方が潜み，また，「言語の本質は，言語使用に存する」というウィトゲンシュタイン的考え方を読み取ることができる．これに対して，チョムスキーは言語使用そのものを直接説明しようとするのではなく，その背後にあってそれを支える言語能力のメカニズムを解明することをその最大の目標とする．

(8) Generative grammar seeks to discover the mechanisms that are used, thus contributing to the study of *how* they are used in the creative fashion of normal life. (*NH*: 17)
(生成文法は言語使用に用いられているメカニズムを発見しようとするものであり，したがって，そのメカニズムが通常の創造的な生活において「いかに」用いられているのかについての研究に貢献しようとするものである．)

チョムスキーが取る立場は，言わば「モジュラー (**modular**) 的アプローチ」と呼べるものである．すなわち，人間の言語活動全般は，それ自体として捉えれば様々な要素が関わった複雑な現象と見なしうるが，それをいくつかの自然で妥当と思われる独立した部門（すなわち，モジュール (module)）の相互作用から説明しようとするものである．チョムスキーの立場においては，そもそも言語機能を措定すること自体，この考え方に沿うものであり，さらにこのモジュールをコンペタンスとパフォーマンスに下位分類するのも，この考え方に沿ったものである．こういったアプローチでは，当然のことながら，どういったモジュールを設定するのが妥当なのか，別の言い方をすれば，あるモジュールを設定した場合，それを設定する理論的もしくは経験的根拠があるのかどうかが問題となる．

コンペタンスとパフォーマンスの区別について言えば，それを経験的に動機づけるものとして，**"garden-path" 文**がよく引き合いに出される．例えば，以下の例文において，

(9) a. The ball thrown past the barn fell.
　　b. The horse raced past the barn fell.

(9a) の文を聞けば瞬時にその文を理解できる母語話者でも，(9b) の文を聞かされると，その文を正しく理解できなくなるという報告がなされている．これは，(9a) では，thrown の紛れもない過去分詞形から，thrown past the barn が the ball を修飾し，最後の動詞 fell が文全体の述語であることが即座に理解できるのに対して，(9b) では，raced が規則動詞であるが故に過去形と過去分詞形が同一であることから，聴者は the horse raced past the barn で文が完結したと錯覚し，結果，最後に出てきた動詞 fell を処理できなくなることによる．しかしながら，そういった錯覚に捕らわれた聴者でも，raced が過去分詞であることに気づくやいなや，(9b) の文を (9a) と同様に理解できるようになる．このように，語彙上もしくは構造上の曖昧性により，誤った文解析に導かれるような文のことを "garden-path" 文と呼ぶ．同様に文解析に困難を生じる例として，(10) のような**入れ子文 (nested sentence)** を挙げることができる．

(10) a. I called the man who wrote the book that you told me about up.
　　 b. The man who the boy who the students recognized pointed out is a friend of mine.

(Chomsky (1965: 11))

(10a) では，the man who wrote the book that you told me about という長い NP が，call up の目的語としてその間に埋め込まれている．また，(10b) では，主述の関係にある the boy と pointed out の間に the boy を修飾する who the students recognized が埋め込まれている．このように解説されれば，これらの文が文法に適った理解可能な文であることがわかるが，これらの文を通常の会話のスピードで聞かされると，ほとんど理解

不能に陥る．とりわけ，(10b) は (10a) よりもはるかに理解困難である．これは，入れ子になっている who the students recognized の句が，それと同タイプの句である who the boy who the students recognized pointed out の中に入れ子状となっているためである（このタイプの文は，入れ子文の中でも，**自己埋め込み文 (self-embedded sentence)** と呼ばれる）．これらの事実は，言語使用のレベルでは理解困難に陥る文であっても，よくよく考察すれば，文法的な文であることが判明するようなものが存在することを示している．これは，まさに，コンペタンスとパフォーマンスの区別を動機づける事象と見なすことができる．というのは，これらの文は，コンペタンスの部門では，すべて他の文法的な文と同様，文法的なスティタスを持つが，パフォーマンス部門においては，この部門独自の文解析に関わる規則のせいで，(9b) や (10) の文が理解不可能になっているという説明が可能だからである．

3. 内在的言語の生得性

内在的言語を研究対象とする生成文法理論にとって，「言語はいかにして獲得されるのか」が重要な問いとなる．チョムスキーはこの問題を「**プラトンの問題**」と名づけている．プラトンはいくつかの著作の中で「人は他から教えられもしないことをどうして知っているのか」という問題提起を行い，これを「霊魂不滅説」に基づき，新しい肉体を得た魂が人間として誕生した場合それが教えられもしないことを知っているのは，その魂が誕生以前に獲得した知識を誕生以後想起することができるからだと考えた．同様な問いをチョムスキーは言語獲得に対して発している．すなわち，「子供は他から教えられもせずにどうやって言語能力を獲得することができるのか」と．もちろん，プラトンの問いにせよ，チョムスキーの問いにせよ，そもそも人間が教えられもしない知識なり言語能力を身に付け

ているのか疑問を投げかけるのは正当なことである．プラトンは『メノン』の中で，以前に数学の手ほどきを全く受けたことのない召使いが，例えばある正方形が与えられたときその二倍の面積を持つ正方形をどうやって作り出せるのかという問いに，ソクラテスの助けを借りながらも答えを与えることが可能であったという逸話を使って，人が他から教えられずに身に付けている知識が存在することの証明を行った．人間の言語知識に関しても，子供が教えられもせずに知らず知らずに身に付けたと考えられる事例が，チョムスキーを始め，多数の生成文法家によって報告されている．以下にいくつか例を挙げる．

『ことばの不思議』というフィルムの中で次のような実験がなされている．まず，英語を母語とする子供に（4歳から6歳ぐらいと推定される）次の物語を話して聞かせる．「ある時少年が木に登って遊んでいたら，誤って木から落ちてころんでしまいました．その晩，父親とお風呂に入っているときに父親が少年に言いました．『その腕の傷どうしたんだい．』すると少年は答えました．『木から落ちたときにけがをしたんだ』と．」この後で，子供たちは次の二つの質問に答えるように言われる．

(11)　When did the boy say he hurt himself?
　　　（いつ男の子はけがをしたと言いましたか．）
(12)　When did the boy say how he hurt himself?
　　　（いつ男の子はどうやってけがをしたのか言いましたか．）

(11)と(12)の文を比べた場合，違いは，少なくとも表面上は，(12)でsayの後ろにhowが付け足されただけである．ところがこれらの文に対する答えの可能性が(11)と(12)では異なっている．(11)に対しては子供たちは次のいずれかの答えを与える．

(13)　お風呂に入っているとき．
(14)　木から落ちたとき．

ところが (12) に対しては子供たちは (13) の答えしか与えない．大人に同じ質問をしても同じ答えが返ってくる．このような言語知識は，子供が周りの大人から教わったとは考えにくく，知らず知らずのうちに身に付けたものと考えるのが最も妥当である．

　日本語の例を挙げると，次のような言語事実が「教えられもせずに身に付けた言語知識」の例と考えられる．日本語の数詞は，以下の例文が示すように，それが修飾する名詞の助詞のすぐ後に置くことができる．

(15)　学生が煙草を三本吸った．
(16)　学生が三人煙草を吸った．

次の例が日本文として容認不可能であるという事実は，数詞が修飾する名詞と隣り合わせでなければならないことを示しているように思われる．

(17) *学生が煙草を三人吸った．

しかし，日本語の母語話者であれば，(17) は不適格な文と感じられるが，次の文では数詞とそれが修飾する名詞が離れているにもかかわらず，適格な文と判断される．

(18)　煙草を学生が三本吸った．

このような言語知識は，子供が大人から教わって獲得したとは到底考えられず，知らず知らずのうちに身に付けたものと考えるのが妥当である．

　その他，生得的な言語知識が関わっている例としてチョムスキーの著作からいくつか引用したものを，以下列挙する．

(I)
(19)　a.　John ate an apple.
　　　b.　John ate.
(20)　a.　John is too stubborn to talk to Bill.

    b.   John is too stubborn to talk to.

(Chomsky (1986: 8))

(19a, b) において，eat の目的語を省略すると eat が一般的に物を食べるという意味になることがわかるが，(20a, b) において，Bill を省略した場合，talk to が一般的に人に話しかけるという意味にはならず，その目的語が John と解釈されるという事実．

(II)

(21) a.   John is eager to please.（ジョンは喜ばせることに熱心である）
      b.   John is easy to please.（ジョンは喜ばせやすい）

(Chomsky (1964: 34))

(21a) では，please の主語は John で，目的語は一般的な人を指しているのに対して，(21b) では，please の目的語が John を指し示し，主語が一般的な人を指しているという事実．

(III)

(22) a.   The men expected to see them.
      b.   I wonder who [the men expected to see them].

(Chomsky (1986: 8))

(22a) では，them が the men を指し示すことができないのに対して，(22b) のように，この文を I wonder who の中に埋め込むと，them は the men を指し示すことができるようになるという事実．

今見てきたように，我々の言語知識はすべて経験的に教わったものとは到底考えられない．ではいったい子供はどうやって言語知識を身に付けるのであろうか．この「プラトンの問題」に対して，チョムスキーは，上でも触れたように，**生得説**の立場を取る．すなわち，子供には，生まれたときにすでに遺伝的に組み込まれた言語能力の「設計図」が備わっており，

大人の言語能力の多くの諸特性やそこに至るまでの発達経路がそれによってあらかじめ定められていると考える．この立場に立てば，上で見たような言語知識が知らず知らずの間に子供によって獲得されたという事実を自然な形で説明する可能性が大である．また，他にもこの生得説の立場を支持するいろいろな事実を挙げることができる．例えば，どんな子供でも，病理的な問題を抱えていない限り，育った環境で話されている言葉を，単にその言葉にさらされるだけで獲得することができる．それも，ある言語共同体の中で子供たちは雑多な言語環境にさらされているにもかかわらず，ほぼ一様な文法能力を，驚くべき短期間のうちに獲得する．こういった事実はよく「刺激の貧困」(poverty of stimulus) という言葉で言い表される．すなわち，言語刺激が貧弱であるにもかかわらず，子供たちは一様の文法能力を獲得できるという事実である．言語獲得は，したがって，自転車に乗れるようになるとか，学校で教わった九九なり算数ができるようになるということとは全く違った性質の獲得であり，どちらかと言えば，鳥が飛べるようになるとか子供が立って歩けるようになるといったものと同列に扱われるべきものである．この意味で，チョムスキーは，以下の引用に述べられている通り，言語は獲得されるというよりは成長すると考えるほうがより事実に適っていると主張している．

(23) Language acquisition seems much like the growth of organs generally; it is something that happens to a child, not that the child does. (*NH*: 7)
（言語獲得は，一般的に言って，生物器官の成長のようなものである．それは，子供が行うものではなく，単に子供に起こるものである．）

上の議論において一つ注意が必要なのは，上でも触れるところがあったように，今問題にしている言語能力の獲得とは言い換えれば広い意味での「文法能力」の獲得のことであり，語彙の音と意味の関係の習得に関する

こととは別である．「犬」を英語で dog というのは，ソシュールが言うように，恣意的な関係であり，そういった語彙習得に関しては，上述の文法獲得とは異なり，純粋に教わることが必要となる．

　言語哲学の分野では，よく「語は何を指し示すのか」が問題となる．例えば，「「本」という語は何を指し示すのか」というように．おそらく直観的には，「「本」は外界に存在する本に相当するものを指し示す」というような答えが考えられよう．しかし，よくよく考えてみると「本」という語の用いられ方は，そう単純ではない．チョムスキーが指摘するように，この語には物質的概念のみならず抽象的概念が結びついている．例えば，二人の人間がトルストイの『戦争と平和』を図書館から借りた場合，この二人は同じ本を借りたのか，もしくは違う本を借りたのか．答えは，どちらも可能であろう．もし「本」を物質的概念として捉えれば，答えは「二人は違う本を借りた」ということになるであろうし，抽象的概念として捉えれば，答えは「二人は同じ本を借りた」ことになるであろう．この「本」の二義的特性は，いったいどこに由来するのであろうか．外界に物質的な本と抽象的な本が対象として存在し，「本」という語がそれらを指し示すという説明は説得力があるであろうか．最も適切と思われる説明は，この「本」の二義的特性がコンペタンスの語彙に関する一般的意味特性から導かれるとするものであろう．その根拠として，このような意味特性も，上で見た様々な言語現象と同様，周囲の大人から教わったとは考えにくく，また言語にあまねく見られる特性と考えられることから，生得的であると見なすのが最も自然だからである．このように考えてくると「語は何を指し示すのか」という問いが意味をなすものなのかが判然としなくなってくる．チョムスキーは，日常会話においてあたかも語が外界の何かを指し示すかのように理解されるが，それは語自体が何かを指し示しているのではなく，人がその語の意味特性を把握した上で，何かを指し示すように用いているのだと説明する．

(24) a lexical item provides us with a certain range of perspectives for viewing what we take to be the things in the world, ... The terms themselves do not refer, ... but people can use them to refer to things, viewing them from particular points of view ...

(*NH*: 36)

（語彙は，我々が外界にあると見なす物を知覚するためのある一連の見方を我々に提供する．… 語彙自体は何も指し示さない．… そうではなくて，人々が語彙を用いて物を指し示し，その物をある特定の視点から知覚するのである．）

後述するように，言語の実在を社会や文化の中に認める学者は，語の指し示すものを外界に求めようとする．これに対して，チョムスキーは，この問題を言語使用の問題と位置づける．すなわち，語と外界との関係は，語を使用する人によって仲介された，間接的なものとして捉える．

4. 普遍文法のすがた

　上で内在的言語の生得的特性を概観したが，それでは，いったいこの生まれたときに既に赤ん坊に備わっていると仮定される文法能力とはいかなるものであろうか．赤ん坊がどこで生まれるにせよ，その育った環境で話されている言葉が何であれ，自然言語である限り，その言葉を獲得できるという事実は，赤ん坊が持って生まれた文法能力はどの言語にも対応できるほどに一般的で普遍的な骨格を成すものであると考えられる．故にこれを**普遍文法**（**Universal Grammar**，以下，UG と呼ぶ）と呼んでいる．他方，赤ん坊がある言語を獲得するためには，その言語にさらされる必要がある．英語が話されている環境で赤ん坊が日本語の文法を獲得することはありえないし，不幸にも耳が聞こえない赤ん坊や狼に育てられた赤ん坊

は本来獲得されるべき言語を獲得できないという事実は，言語経験が言語獲得には必要不可欠であることを示している．以上をまとめると，言語獲得は以下のように図示できる．

(25)　UG → 経験 → 大人の文法

この図式からも明らかなように，生成文法理論の最大の目標は，いかにして UG から子供が接する言語経験が与えられることによって大人の文法に至りつくことができるのかを明らかにすることである．したがって，その目標とするものは，単に大人の文法を正確に記述できればよしとする**「記述的妥当性」**(**descriptive adequacy**) にあるのではなく，UG から大人の文法への写像を明らかにするという**「説明的妥当性」**(**explanatory adequacy**) にある．そのためには，おおもとの UG の解明が不可欠である．上でもちょっと触れたが，この UG を解明する上で，UG が最低限満たすべき条件が二つある．

(26)　あらゆる言語の文法を導き出せるほどに，網羅的であること．
(27)　ある言語の経験を与えられればその言語の文法を導き出せるほどに，特定的であること．

この二つの条件は半ば相反することを UG に要求する．(26) の条件によれば，UG は，あらゆる言語に対処できるほどに広範囲な適応性を持った文法を備えておく必要がある．他方，(27) の条件により，ある一定の経験が与えられれば，正しい大人の文法に至りつけるほどに，UG で許される可能な文法が十分に制限されている必要がある．

　チョムスキーが 1950 年代に生成文法理論を提唱した際に考案した UG のモデルは概略次のようなものであった．すなわち，UG の中にはあらかじめ定められた「可能な文法」の集合があり，この中から子供が接した言語を正しく記述できるものが選ばれ，それが複数ある場合には「評価の手順」により最も経済的な文法がその言語の文法として選ばれるというもの

であった．このモデルを与えられた場合すぐに問題となるのは次の二点である．

(28) 「可能な文法」とはいかなるものか．
(29) 「評価の手順」とはいかなるものか．

チョムスキーがこの UG のモデルを提唱して以来，60 年代と 70 年代の生成文法の歩みは，もっぱら (28) の問いを解明することにあったと言える．それは (26) と (27) にあげられた UG が満たすべき条件に沿った形で進んできた．この UG に基づいた獲得モデルを実現可能なものにするために，まずチョムスキーが考えたことは，「可能な文法」の集合が (27) の条件に従ってできるだけ特定され制限されたものである必要があるということであった．他方，それは (26) の網羅性の条件をできるだけ保証する形で成される必要がある．その結果取られた手法というのは，「可能な文法」のモデルとなる構造なりそこに適用する規則なり制約なりから，一般的普遍的特性をどんどん抽出することであった．そうすることによって，(26) の条件をにらみながら UG の内容を豊富にしつつ，「可能な文法」の種類を絞り込むことができる．この目標に向かって 60 年代，70 年代の生成文法研究はチョムスキーを中心に盛んに行われ，その結果，チョムスキーは 70 年代後半になって「可能な文法はたった一つである」という画期的で大胆な提案をするに至った．これによって，(29) にあげられた「評価の手順」の問題は自動的に解消された．これがいわゆる**「原理・パラメターモデル」**(**principles and parameters model**) と言われるものである．このモデルでは，UG はまずあらゆる言語に共通する普遍的な原理の集合から成っている．60 年代，70 年代の研究成果は，この原理の集合の解明に集約されたと言っても過言ではない．そして，(26) の条件に答えるべく，言語間の差異を網羅的に捉えるために，各々の原理の決定因子の中に未指定のままになっているパラメターを設定し，各々のパラメターは，ごくありふれた言語経験によってその値が決定されることを想定

している．この普遍的原理とそれに付随するパラメターを設定することによって，生まれたばかりの赤ん坊がどの言語を獲得する可能性も備えていることを捉え，また，「ごくありふれた言語経験によってパラメターの値が決定される」と想定することによって，「刺激の貧困」の問題に答えようとするものである．

　原理・パラメターモデルの大枠をより鮮明に把握するために，いくつか具体例を挙げると，例えば，統語構造は，従来であれば句構造規則によって，動詞・名詞・形容詞・前置詞句がばらばらに導入され，また，言語間でも別々の句構造規則を立てることによって個々の統語構造を正しく記述することで満足していたが，UG の「可能な句構造規則」を絞り込むという目的に適うものではなかった．それに対して「原理・パラメターモデル」では，X′ 理論（通常「X バー理論」と読む）と呼ばれる統語構造の骨格を規定する普遍的な構造原理と，それに付随する「主要部パラメター」によって捉えられる．具体的には，すべての句構造は次に掲げる二つの句構造規則によって生成される．

(30) a.　XP → YP　X′
　　 b.　X′ → X　ZP

この句構造規則が表していることは，ある範疇 X の句構造はその X を主要部とする二階建ての構造から成り，主要部 X がまず補部（complement）と呼ばれる ZP と結合して X′ を構成し，それに指定部（specifier）と呼ばれる YP が結合することで XP ができあがっている．X′ 理論が主張するのは，すべての句が，(30) に示された句構造の鋳型に従うというものである．さらに，主要部 X と補部 ZP の線形順序に関してはパラメターが設定され，「主要部先行」の値を取れば，英語のような SVO の語順を持つ言語になり，「主要部後行」の値を取れば，日本語のような SOV の語順を持つ言語になる．また，変形規則を例に取れば，従来であれば，受動変形規則，繰り上げ規則，WH 移動規則，関係節形成規則等々いわゆ

る構文ごとに規則が立てられ，また言語が違えばそれぞれの構文の規則も変わるといった具合で，「可能な変形規則」を絞り込むという目的にとっては満足のいくものではなかった．それが，「原理・パラメターモデル」では，Move α というたった一つの規則とそれに適用される様々な普遍制約とに集約された．

この「原理・パラメターモデル」に従えば，子供が大人の文法を獲得するために成すべきことは，単にパラメターの値を決定するだけである．この点で，「原理・パラメターモデル」は，チョムスキーが最初に提案したUGモデルよりもはるかに (27) の条件を実現可能なものにしている．さらに，過去20年間の研究成果により，UG は (26) の条件を満たしうる普遍的な原理・原則そしてそれに付随するパラメターをかなりの程度備えるに至り，「プラトンの問題」に具体的に取り組むことが可能となってきている．理想的には，一つのパラメターの値が変わることによって，UGのシステム全体へ効果が波及し，様々な異なった特性が導き出せるような理論が望まれる．チョムスキーは以下のように述べている．

(31) small changes in [parameter] switch settings can lead to great apparent variety in output, as the effects proliferate through the systems. These are the general properties of language that any genuine theory must capture somehow. (*NH*: 8)
(パラメターのスイッチのいれ方に少しの変化があれば，効果がシステム全体に波及し，出力においては，見た目に大きな変化を導き出しうる．これが，純粋な理論が何とかして捉えなければならない言語の一般的特性である．)

一見すると世界の諸言語は恣意的に多様な特性を示しているように思われるが，このような考えの下では，そのような多様性は，単純な特性を付与されたパラメターの相互作用の結果であることが期待される．この言語の多様性とパラメターとの関係が，Chomsky (1980) では，生物の進化に

よる多様性，とりわけ種分化 (speciation) とそれに働くメカニズムとの関係と平行的である可能性を指摘し，後者の関係に関する François Jacob の主張を引用している（以下の引用は Chomsky (1980) による）．

(32)　it was not biochemical innovation that caused diversification of organisms ... the diversification and specialization ... are the result of mutation which altered the organism's regulatory circuits more than its chemical structures. The minor modification of redistributing the structures in time and space is enough to profoundly change the shape, performance, and behavior of the final product.　　　　　　　　　　(Chomsky (1980: 67))
（生物の多様性を引き起こしたのは，生化学的革新ではなかった．… 多様性と種分化は，突然変異が生物の化学構造自体を変化させた結果ではなく，生物の調節回路を変化させた結果である．化学構造を時空間において再配置する小さな修正が，最終的に産み出された生物の形や行動や振る舞いを大いに変化させるには十分である．）

この考え方に従って，言語の多様性も，その内部構造を深く探ることによって生物の多様性と同様の知見が得られることが，パラメターを設定することの最大の目論見と言っていいであろう．この「原理・パラメターモデル」から本当にすべての自然言語の少なくとも中核的な文法を UG から正しく導き出せるかなど，このモデルの妥当性に関しては，なお更なる研究が必要であるが，チョムスキーがこのモデルを提唱したことによって得られた研究成果は多大で，言語理論そのものにとどまらず，言語獲得や言語処理研究など，その周辺の分野にも及んでいる．

5. ミニマリスト・プログラム

「原理・パラメターモデル」の提唱に至るまでの過程において，個別文法に見られる諸特性から一般的・普遍的な諸要素を抽出するという不断の積み重ねによって明らかになってきたことは，言語機能が示す特性が非余剰的で簡潔性を帯びたものであるということであった．チョムスキーは，この発見により，言語機能の成り立ちが，根本的に他の生物器官とは異なっているのではないかと考えるようになる．チョムスキーは，生物器官は一般にある機能を果たすのに余剰的で複合的な形式を備えた構築物であることを述べている．

(33) Biological systems—and the faculty of language is surely one—often exhibits redundancy and other forms of complexity for quite intelligible reasons, relating both to functional utility and evolutionary accident. (Chomsky (1981: 14))
(生物システムは（言語機能も確かにその一つなのだが）しばしば余剰性や他の複雑性を帯びた形式を，機能的な便利さとか進化上の偶然と関係したもっともな理由から具有している.)

そして，チョムスキーは，言語機能がこのような特性を示さないのは，他の生物器官とは異なり，その起源から高度で完全な組織体を具現化しており，ダーウィンが進化に不可欠なものとしてあげる「自然選択」の影響を受けていないことによると推測する．この推測に基づいて，チョムスキーは以下の問いを発している．

(34) 言語はどの程度完全か．

これが言ってみればミニマリスト・プログラムがその解明を目指す根本的な問いである．この問いにはチョムスキーの言語研究に対する大きな発想

の転換がうかがえる．これまでの生成文法研究は「**文法の自律性**」に焦点が当てられ，言語特有の諸特性を明らかにすることに重点が置かれた．言って見れば，言語内部を直接探ることによって，その諸特性を明らかにしようとするものであった．それに対して，ミニマリスト・プログラムでは言語機能と他の認知システムとの外的関係を考察し，そこから生じる外的条件を源とする諸特性を同定することによって，真に言語特有の性質をあぶり出す手法を取っている．

　Chomsky (1995) は，言語機能が満たすと考えられる一般的条件を二つ挙げている．

(35) 言語機能と他の認知システムとの連関から，それらの認知システムによって要求される条件
(36) 概念上自然と考えられる条件：単純性，経済性，対称性，非余剰性など

(36) に属する条件に関しては，このアプローチにとって目新しいものと言うよりは，生成文法が UG を解明する上で一貫して採用してきた指針であり，理論の発展を支える根本概念であり続けてきた．これは，他の科学分野と共通のものであり，生成文法理論が言語を科学的に解明するものであることを考えれば，当然期待される条件である．

　一方，(35) に属する条件は，より具体的で特定的な生物学的条件である．チョムスキーはこの条件を**外的裸条件 (bare output condition)** とか**読み取り可能条件 (legibility condition)** と呼んできたが，今では，**インターフェイス条件**と呼ばれる．これは，言語機能と接する他の認知システムとの連関において，言語機能が発する情報がそれらの認知システムにとって解釈可能であるために，それらのシステムから言語機能に対して要求される条件である．これらの言語機能と接すると考えられる認知システムは二つあり，チョムスキーはこれらを**調音-知覚システム (articulatory-perceptual system,** 以下 AP システム**)** と**概念-意図システム (concep-**

tual-intentional system，以下 CI システム）と名づけている．これは，言語機能によって具現化される UG が，いわゆる「言語の二面性」を捉える仕組みであることを考えれば，ごく自然な仮説である．すなわち，調音－知覚システムは，UG から出された抽象的な音声出力を基に，物理的な発声器官へと信号を送ったり，聴覚で受け取った信号を逆に抽象的な音声出力に翻訳する役目を果たす．概念-意図システムは，UG から出された抽象的な意味出力を，それと同様に抽象的な思考概念システムと結び付ける働きをしている．チョムスキーは UG を計算処理システム（computational system）と見なし，それが上述の二つのシステムとインターフェイスレベルによって結び付けられると仮定する．すなわち，AP システムのインターフェイスには音声形式（PF）が，CI システムのインターフェイスには論理形式（LF）がそれぞれ結びついている．このインターフェイス条件には AP システムから要求されるものと CI システムから要求されるものの二種類があることがわかる．例えば一つ簡単なインターフェイス条件の例を挙げれば，AP システムは，PF の出力がこのシステムにとって解釈可能であるために，その出力が物理的音声に翻訳可能な連鎖から成ることを要求する．この条件は音韻部門の存在を動機づけ，さらに処理される言語表現がいずれかの段階で線形化されることを要求する．

　近年，ミニマリスト・プログラムでは，「**第三の要因**」(**third factor**)という言葉がよく用いられる．これは，Chomsky (2005) が言語機能がその初期状態から最終状態に至るのに関わる要因として三つ挙げている内の一つで，第一要因が「遺伝的に言語機能に備わったもの」(genetic endowment)，第二要因が「経験」，そして第三要因が「言語機能に特有ではない原理」のことである．この第三要因について，チョムスキーは具体的に以下のように述べている．

(37) 　principles of structural architecture and developmental constraints that enter into canalization, organic form, and action

over a wide range, including principles of efficient computation, which would be expected to be of particular significance for computational systems such as language.

(Chomsky (2005: 6))

(構造様式に関わる原理や発達に関わる条件，これらは「運河化」や器官の形そして多岐にわたる働きに関わるもので，このような原理には，効率的な計算処理の原理が含まれる．とりわけ，この原理は，言語のような計算処理システムにとって特別な重要性を持つことが期待できるであろう．)

これは，言語機能を一つの生物器官と見なした場合，他の生物器官同様，当然影響を受けると考えられる器官の構造様式やその発達に関わる一般的原理や条件のことで，多少漠然とした印象は免れないが，これらの原理・条件の中で，チョムスキーは「効率的な計算処理の原理」が言語機能を特徴づける上で重要な「第三の要因」と考えている．

さて，もし言語機能が上述した二つの一般的条件 (35) と (36)，そして「第三の要因」によって完全に特徴づけられる場合，チョムスキーはこれを「言語機能は完全なシステムである」と表現する．そして，チョムスキーは，言語機能がこのような完全性を備えているとする仮説を，**強ミニマリストテーゼ (strong minimalist thesis)** と呼んでいる．

チョムスキーは，このテーゼを裏づける証拠として，人間の言語能力の進化に関して二つの確かな事実を指摘する．一つは，「過去五万年から八万年の間には——つまり，大まかに言って，それくらいの時期に人類が東アフリカから出始めたわけですが，その後には——何も進化していないこと」，もう一つは，「五万〜八万年前からさらに五万〜十万年くらい遡ると，言語が存在していた証拠」が全くなく，それは考古学的には，「その期間内に極めて突然の事象が起こったことを指し示している」ということである．これらの事実は，「完璧な（あるいは完璧に非常に近い）システ

ムが極めて突然創発した」ことを示唆する（チョムスキー『我々はどのような生き物なのか』福井直樹・辻子美保子訳129ページ）．この強ミニマリストテーゼを指針として，(35)と(36)に掲げられた一般的条件と「第三の要因」を仮定するだけで（もちろん，これらの一般的条件と「第三の要因」とはいかなるものであるかは手探りの状態ではあるが），どれだけ言語機能の諸特性を捉えられるかが盛んに研究されている．その結果，X'理論は破棄され，それに代わって，二つの統語体を単に結び付ける最も単純な「併合（merge）」と呼ばれる操作が仮定されるようになった．また，深層構造や表層構造といった統語部門内部に認められていた表示レベルも破棄され，この部門の計算処理システムは「併合」と「移動」（今では，この後者の操作も「併合」の一特殊ケースと見なされている）によって駆動され，それらの操作は「効率的な計算処理の原理」に基づいた経済性条件によって制約されるという派生的なシステムが仮定されている．

第 2 章

方法論的二元論と言語に対する外在的アプローチ：パットナムの場合

　チョムスキーは NH の第 2 章でパットナムが示している二つのテーゼを取り上げている．一つは，人間の知的能力，とりわけ言語能力は，水素原子を研究するのと同じ手法では解明できないとする反自然主義的考え方である．チョムスキーは Putnam (1978) の関連箇所を以下のように引用している．

(1) "we are not, realistically, going to get a detailed explanatory model for the natural kind 'human being'," not because of "*mere* complexity" but because "we are partially opaque to ourselves, in the sense of *not* having the ability to understand one another as we understand hydrogen atoms." 　　(*NH*: 19)
（我々は，実際問題として，「人間」という自然種に対して詳細な説明モデルを得ることはできないであろう．それは，「単なる複雑性」の故ではなく，我々は，水素原子を理解するのと同じように，お互いを理解する能力を有していないという意味で，我々自身に対して部分的に不透明であるからである．）

この考え方には，人間の「精神」を特別扱いする「**方法論的二元論**」(**methodological dualism**) を見て取ることができる．これは単に「精神」の研究が複雑すぎるからというのではなく，本質的な事実 (constitutive fact) とパットナムは考える．その際，「精神」の理解には，完全なる人間の機能的組織 (human functional organization) のモデル化が必要であることを前提とし，前章で述べたような「精神」に対してモジュラー的に研究することの是非については考慮されていない．

もう一つのテーゼは，脳科学および心理学の研究と「言語学」とりわけ言語の意味の研究との関係に関わるものである．チョムスキーは Putnam (1988) の関係箇所 (p. 41) を以下のように引用している．

(2) when we "think the word *cat*" ... a configuration C is formed in the brain. "This is fascinating if true," ... "but what is its relevance to a discussion of the *meaning* of *cat*" ...? — the implication being that there is no relevance   (*NH*: 19-20)

(我々が「猫」という語を思い浮かべる時，... 脳内である形状 C が形成される．これは，本当なら，素晴らしいことである．... しかし，そのことが「猫」の意味についての議論とどのような関係があるというのか．—関係はないということが含意される．)

ここから読み取れるテーゼは，言語研究を脳科学や心理学の研究とは独立した学問と見なすというものであり，言語に対する「**外在的 (externalist) アプローチ**」と名づけることができよう．

以下，*NH* に従って，この二つのテーゼの妥当性を検討していく．

1. 反自然主義的アプローチ

「精神」の研究に対して自然主義的アプローチを取る側からすれば，「精

神」の物理的基盤を成す脳も有機体の一部であることから，「精神」に対して，人間の身体の他の部位を科学的に研究するのとは別の手法が求められるとする考え方には合理性を認めることはできない．上の引用でパットナムは「人間」という自然種に対して，実際問題として（「原理的」にではないにしても）自然科学が目指す説明モデルを構築することはできないであろうと主張しているが，この「人間」という自然種を他の生物種から切り離して特別扱いする理由には，やはりデカルトの二元論的考え方が根強く残っていることを示唆するものと思われる．すなわち，人間の身体や他の動物などはその機能特性を機械論的に捉えることが可能なのに対して，人間の「精神」はその創造的な思考の働き故に機械論的把握を越えているとするものである．今風に言い直せば，人間の「精神」以外は科学的説明モデルを構築できるが，こと「精神」に関しては，そのような科学的把握は不可能であろうとする考え方である．しかし，デカルトの**接触力学** (**contact mechanics**) がニュートンの引力に基づく力学によって反駁されて以来，デカルトの心身二元論を信奉するものは，少なくとも，自然科学者には存在せず，「精神」というカテゴリーは（脳をある抽象的レベルから研究しようとする際に用いられる以外は）意味を成すものではない．

　チョムスキーは，パットナムやその他の哲学者がこのような「方法論的二元論」を主張する際に，**共通感覚**（**common sense**）に基づく概念と科学で用いられる概念の混同が生じていることを指摘する．「人間」とか「精神」というカテゴリーは，例えば物理学に関係していると思われる概念である「物質」「エネルギー」と同様に，我々が感覚的に世界を理解する際には有用な概念であっても，自然科学の説明モデルの中では何の働きも持たない概念である．この二つの異なる概念を明確に区別すれば，「人間」という自然種に対して自然主義的アプローチを採用し，説明モデルの構築を目指すやり方を模索することは十分に可能であるとチョムスキーは主張する．別の言葉を用いれば，共通感覚に基づいた「人間」の把握，とりわけその精神の働きの把握につきまとう「不透明感」をいかに払拭し，客観

的な目でこの自然種を観察し,分析できるかどうかが,自然主義的アプローチの成否の鍵を握ることになる.チョムスキーが,様々な著作で,この自然主義的アプローチがどのように行われるのかを議論する際に,このアプローチを遂行する主体として火星人を持ち出すのは,この「客観性」を保証するためである.ここで一つ注意しておかなければならないことは,この自然主義的アプローチが,パットナムが考えるような「完全なる人間の機能的組織のモデル化」を目指すものではなく,あくまで自然科学の手法で把握可能な人間「精神」の側面をモデル化しようとするものである,ということである.生成文法理論は,人間「精神」の言語能力を科学的に解明しようとするものであるが,前章で詳述したように,その説明モデルは,人間の言語使用全般を包括的に捉えるのでなく,その創造的な使用を背後で支える内的メカニズムを科学的に明らかにすることを目標とするのである.

「方法論的二元論」を主張する多くの哲学者にとって,「精神」が持つ**「志向性」**(**intentionality**)が,科学の把握を超えた特異な性質として重要な役割を担っている.パットナムは「志向性は還元もされなければ消えてなくなりもしない」というブレンターノのテーゼに言及し,志向性を以下のように特徴づけている.

> (3) intentionality is a *primitive phenomenon*, in fact *the* phenomenon that relates thought and thing, minds and the external world.　　　　　　　　　　　　　　　　(Putnam (1988: 1-2))
> (志向性とは原初的現象であり,実際,思考と物事,精神と外界とを関連づける現象である.)

このテーゼは,「精神」の内側と外側を関係づけるこの「志向性」という概念が,サールの言葉を借りれば,一人称的視点から把握可能なものであって,科学的な三人称的視点では把握不可能であるということを暗に意図している(サールの「意識」についての同様の主張に関しては,第4章4節

を参照のこと).チョムスキーはこれに対して,「志向性」という概念は,共通感覚に基づく概念のように,人間の意図や観点によって様々に解釈しうる曖昧模糊とした概念であるとして,これを退ける.

(4) intentional phenomena relate to people and what they do as viewed from the standpoint of human interests and unreflective thought, and thus will not (so viewed) fall within naturalistic theory, which seeks to set such factors aside.　　　(*NH*: 22)
(志向的現象は,人々に関係し,人間の興味や直感的思考を立脚点として見られた人々の行動に関係する.したがって,(そのような見方からすると)自然主義的理論の範疇には入らない.というのは,自然主義的理論は,このような要因を排除しようとするものだからである.)

ここで興味深いのは,パットナムはこの点を承知の上で,「共通感覚によって作り出される世界」を「科学によって描き出される世界」と同様に正当であると信じていることである.

(5) the commonsense version of the world is just as legitimate as the scientific version.　　　(Putnam (1988: 2))
(世界の共通感覚による把握は,科学的把握と同様,正当である.)

この主張は,しかしながら,(1)に引用したような,人間の「精神」を研究する手法として科学的アプローチを否定する「方法論的二元論」を正当化するものではない.今日では,科学的アプローチは「世界をより明確に理解するため」に最も適した手法と考えられている.したがって「共通感覚によるアプローチ」が正当化されるためには,このようなアプローチが「世界」の理解にどれほどの貢献ができうるかが問われなければならない.パットナムは科学万能主義を「**科学主義**」(**scientism**) と呼んで,否定的

に論じることが多々あるが,「共通感覚によるアプローチ」が科学的アプローチを補完する役目を果たせるかは,はなはだ疑わしい.というのも,往々にして,共通感覚によって捉えられる世界が,科学によって捉えられる世界と矛盾を引き起こすからである（例えば,誰も共通感覚によって,地球が動いているなどと把握することはないであろう）.チョムスキーは「なぜ人は世界に対してこれこれしかじかの共通感覚を持つようになるのか」という問いは,人間を理解するのに有用な問いであり,科学的分析の対象となりうると主張している（チョムスキーは,このような科学分野をethnoscience と位置づける）.このアプローチは,しかしながら,あくまでも人間を理解するための科学的アプローチであって,パットナムが考えるような「共通感覚に基づいた世界を理解するためのアプローチ」とは明確に区別されなければならない.

　チョムスキーは内在的言語の科学的アプローチを正当化する際に,Marr (1982) の視覚システムの「内在的」アプローチをよく引き合いに出す.この研究は,網膜に投影された刺激がいかにして脳の視覚野に知覚可能な対象物として写像されるかを,その物理的基盤を捨象して,ある抽象的レベルで,表示とそれに適用するアルゴリズムを用いて解明しようとするものである.その際,哲学者がよく問題とするような,外在的に規定された「知覚内容」(perceptual content) とか「真の知覚」(veridical perception) といった概念は,この視覚研究においては何の役割も果たしていない.視覚刺激となるものは,実際眼前に起こっていること（例えば,ある軸の周りを回転する立方体）であっても,タキストスコープを用いて人工的に作られたものであっても,はたまた,直接網膜に刺激を与えることによって作られたものであっても,それらの刺激がいかにして視覚野に像を結ぶかを明らかにすることに関して差別的扱いを受けることはない.また,哲学者は「人がいかなる条件でどのような知覚内容を知覚したと判断できるか」という**「志向的帰属性」** (**intentional attribution**) を問題にするが,ある軸の周りを回転する立方体を知覚させるのに,タキストス

コープを用いようが直接網膜に刺激を与えようが，人がそのような場合に知覚者が本当に「軸の周りを回転する立方体」を知覚していると言えるかどうかは，マーの研究にとっては無関係である．チョムスキーの内在的言語に対するアプローチも，マーの研究のように，このような共通感覚に起因すると思われる哲学的概念を排し，純粋に科学的概念を用いて，その内的メカニズムを，その物理的基盤を捨象して解明しようとするのである．

2. 言語に対する外在的アプローチ

　パットナムの二つ目のテーゼ，すなわち (2) に引用したように，言語の意味の研究を脳科学の研究から独立したものと見なすという考え方は，第 1 章でも触れた言語の実在性を文化や社会に認める外在的アプローチを示唆する．この外在的アプローチの説明に入る前に，まず，(2) で発せられた問い，すなわち「我々が「猫」という単語を思い浮かべた時，脳内で C という形状が形作られると仮定した場合，いったいこの発見は「猫」という単語の意味研究に何らかの関係があるのか」という問いに対して，言語の内在的アプローチがどう答えうるかをまず考察する．答えはもちろんイエスである．チョムスキーは，その根拠として，哲学の思考実験でよく引き合いに出される「もし猫が生命体ではなく，火星からリモートコントロールされたロボットであることが判明した場合，「猫」の意味は変化したことになるのか」という問いに対して，この脳内で C という形状が形作られるかどうかが一つの証拠を提供するであろうことを示唆している．すなわち，この新たな発見を信じ込んだある人が「猫」という単語を思い浮かべた時，以前と同様にその人の脳内に C という形状が現れれば，「猫」の意味は変化しなかったことを示唆するであろうし，もし別の C' という形状が現れれば，「猫」の意味は変化したことを示唆するであろう．
　チョムスキーは，さらに，パットナムが脳研究と言語の意味研究の関係

を問題にした際に,「脳内に C という形状が形作られる」ことと意味の間の関係を問題にしたことについて,興味深い指摘をする.第 1 章で述べたように,生成文法理論は,脳内の物理的基盤を捨象して,ある抽象的レベルで言語能力の特性を明らかにすることを目標に掲げているが,ここで前提となっているのは,脳の研究を行う際には,様々なレベルでの研究が可能であるということである.例えば,原子や分子といったミクロのレベルでの研究や脳細胞レベルでの研究,また,神経組織を一つのネットワークと見なす研究,そして生成文法理論がその解明を目指す**計算処理-表示システム (computational-representational system**, C-R system) の研究など,様々考えられる.そして,様々なレベルで研究された成果は,いわゆる**統合 (unification)** を目指して,お互いの研究成果に影響を与え合う.チョムスキーは,NH の第 2 章で,Neville et al. (1991) の ERP (event-related potentials) に基づいた脳の言語刺激に対する電気生理学的反応を調査する研究に言及し,このレベルでの研究が C-R システムでの研究との整合性が見られるかが追求されていることを紹介している.ここで ERP に基づいた研究が,ちょうどパットナムの言う「脳が C という形状を示す」ことを明らかにする研究と見なすことができよう.これに対して,チョムスキーは,言語に関して言えば,脳の研究にとって最も進んでいるのは C-R システムでの研究であり,ERP に基づく研究などは,C-R システムでの研究に強く依存していることを指摘している.

(6) In the case of language, the C-R theories have much stronger empirical support than anything available at other levels, and are far superior in explanatory power ... in isolation from C-R theories, the ERP observations are just curiosities, lacking a theoretical matrix. (*NH*: 25)
(言語の場合には,C-R 理論が他の研究レベルで活用できるいかなるものよりも強い経験的支持基盤を持っており,説明力にお

いて他よりもずっと優れている．… C-R 理論から切り離された状態では，ERP の観察は単に好奇の的でしかなく，説明的枠組みを欠いている．）

したがって，パットナムの第二のテーゼは「C-R システムの研究成果が，「猫」などの単語の意味研究に何らかの関係があるのか」という問いで言い表されるべきものであると，チョムスキーは指摘する．生成文法家にとって，この問いに対する答えは明らかにイエスである．パットナムがこのような問いを立てなかった理由には，チョムスキーが指摘するように，脳研究にあっては，その物理的基盤に基づいた研究，とりわけ神経生理学が基盤的研究であるという信念が関係しているものと思われる．そのような信念に従えば，C-R システムのような研究は神経生理学の知見によって捉え直されるべきものと考えがちであるが ("the mental is the neurophysiological at a higher level")，チョムスキーに言わせれば，この見方は逆さまで，神経生理学のほうが C-R システムによる研究成果に基づいて捉え直されるべきものと主張する (the neurophysiological may turn out to be "the mental at a lower level")．

さて，言語に対する外在的アプローチについてであるが，上述のように，この立場は言語の実在を社会や文化に求め，そこに通常，**公的言語 (public language)** なるものの存在を認める．例えば，我々が，日常会話でよく口にする英語とか日本語とかが，この概念に相当する．そして，言語の基本的機能は，コミュニケーションにあり，人々はある言語環境に育つことによって，自分が接する公的言語を習得し，この言語を共有する人々とコミュニケーションを図ることができるようになると考える．例えば，ダメットは「言語」を以下のように捉える．

(7) A language is a practice in which people engage. … a practice is essentially social in the different sense that it is learned from others and is constituted by rules which it is part of social cus-

tom to follow. (Dummett (1986: 473))
（言語は人々が関わる（社会的）実践である．この実践は，他の人々から学び取り，それに従うのが社会的習慣の一部となっている規則によって構成されているという別の意味で，本質的に社会的である．）

(8) The natural choice for the fundamental notion of language is … a language in the ordinary sense in which English is a language, … (ibid.)
（言語の根本的概念として自然に選択されるのは，英語が一言語であるという通常の意味における言語である．）

とりわけ，公的言語には「ある単語は外界のある対象物を指し示す」といった言わば語彙の「**公的意味**」(**public meaning**) なるものが存在すると考える．この考え方は，世間一般の見方に合致し，何ら問題をはらんでいるようには思われないかも知れない．実際多くの言語哲学者，そして社会言語学者は，この立場を支持する．言語哲学者の間では，フレーゲの記号の**意義**（**Sinn**）と意味（**Bedeutung**）の区別についての有名な論文が大きな影響を与えていると考えられる．フレーゲは記号の意味が外界のある対象物を指し示すことを前提に，この関係を媒介する記号の意義の必要性を論じている．例えば，「宵の明星」と「明けの明星」は，同じ対象物を指し示すという点で，同じ意味を持っているが，その指し示し方が異なるという点で，異なった意義を持っていると説明される．これらの概念は，上述の言葉を用いれば，公的言語に属するものであり，「公的意味」と「公的意義」と呼ぶことができる．フレーゲは，これらの概念とは区別されるべきもう一つ記号に結びついた概念として，記号の**表象**（**Vorstellung**）に言及している．この表象は，主観的なものであり，「対象について私が持つ表象は，私が持っていた感覚的印象を想起することと私が遂行した内的ないし外的な行為とから生成する内的な像（Bild）である．」（フレーゲ

「意味と意義について」土屋俊訳 8 ページ）この「表象」と「意味」と「意義」との三つの概念の関係を明示するのに，フレーゲは「月を望遠鏡で観察している人」を比喩として用いている．

> (9) この場合，月それ自身は意味に対応すると考える．それは観察の対象であり，この観察は，対物レンズによって望遠鏡の内部に投影された実像および観察者の網膜像によって媒介されている．私は，前者が意義に対応し，後者が表象あるいは直観（Anschauung）に対応すると考える．
>
> （フレーゲ「意味と意義について」土屋俊訳 10 ページ）

この際，フレーゲが考える重要な区別が，「意味・意義」対「表象」に存在する．すなわち，月それ自身（意味）はもちろんのこと望遠鏡の内部に投影された実像（意義）も客観的なものと見なすことが可能であるのに対して，観察者の網膜像は単に主観的なものでしかないとするものである．

> (10) 眼の形が一人一人異なっているゆえに，網膜像は，幾何学的に合同であることすらほとんど不可能であり，現実に一致する可能性はまったく排除されるであろう．
>
> （フレーゲ「意味と意義について」土屋俊訳 10 ページ）

このような考え方に基づけば，個々の主観的存在者がお互いに意思疎通を図ることが可能であるのは，ひとえに「公的意味」と「公的意義」が存在するが故にということになる．

　しかし，この見解には，生物学的観点からすると，一つ欠落している点がある．それは，一言で言えば「遺伝子」で言い表される，ヒトの遺伝的にあらかじめ定められた諸特性である．確かに，ヒトの眼の形は一人一人異なっているであろうが，しかしながら，それらの表面的違いを捨象して，ヒトの眼をより抽象的な観点から観察すれば，そこには遺伝的に決定された相似的な眼の仕組みを見出すことができるであろう．したがって，

網膜像も，フレーゲが考えるほどに，人によって異なると考える必要はないであろう．とりわけ，実験のような形で条件を同じにして，人々に月を望遠鏡で観察させた場合に，人々の月の網膜像が有意義なほどに異なるとは考えにくいであろう．チョムスキーは，同様のことが内在的言語にもあてはまると考える．ヒトが脳内に備える内在的言語は「言語器官」の現れであり，その中核的部分は遺伝的に決定されている．したがって，生物学的に言って，人々が持つ内在的言語は，眼の場合と同様の意味で相似的であると想定することができる（ただし，言語の場合は，前章で説明した通り，パラメターが存在するので，いわゆる英語話者と日本語話者の内在的言語が厳密な意味で相似的とはならない）．そうすると人々のコミュニケーションを可能にしている要因として，この内在的言語を挙げることは理に適っている．しかしながら，この内在的言語は，前章で説明した通り，いわゆる言語の文法をつかさどる器官であり，これだけでコミュニケーションが可能となっているわけではない．犬を日本語では「イヌ」と発音し，英語では dog と発音するといったソシュールが言う語彙の恣意性については，経験を必要とする．また，その他，個々人が持つ様々な知識や物の考え方が，コミュニケーションがうまく行われるかどうかに影響を与えることは明らかである．そういう意味では，個々人がある程度経験を共有していることがコミュニケーションには求められる．

　フレーゲの「意味・意義」対「表象」に対する見解は，後の言語哲学者の言語観に大きな影響を及ぼしていると考えられる．例えば，Lewis (1975) は，外在的アプローチの下，言語を「（音）連鎖と意味の順序対またはその関数」(a function, a set of ordered pairs of strings and meanings) (p. 3) と定義し，それが「人類の自然史の一部として構成された社会現象」(a social phenomenon which is part of the natural history of human beings) と規定する．「言語が社会現象である」ということは，言語がある共同体の成員によって用いられていることを意味している．その目的は，お互いのコミュニケーションにあり，そのための様々な社会的規

約 (convention) が存在することになる．その規約には，ソシュールが「言語の恣意性」と規定するところの語の音と意味の関係を規定するものから，グライス流のコミュニケーションにおける話者や聴者の意図や目的に関する規定などが盛り込まれるであろう．このような図式の下，ルイスは「異議と応答」(Objections and Replies) の節で，「言語を構成する文は，さらにそれを構成する句に分解でき，文の意味は句に与えられた意味から規則的に決定できることを保証する必要があるのではないか」という問いに対して，言語には文法が必要であることを認める．さらに，「言語共同体の成員によって用いられているのは，なぜ言語ではなく，文法であると主張しなかったのか」という問いに対して，以下のように答えている．

(11) I know of no promising way to make objective sense of the assertion that a grammar Γ is used by a population P whereas another grammar Γ′, which generates the same language as Γ, is not. ... there are facts about P which objectively select the language used by P. I am not sure there are facts about P which objectively select privileged grammars for those languages.

(Lewis (1975: 20))

(私には，ある文法 Γ がある言語共同体 P に用いられていて，Γ と同じ言語を生成する別の文法 Γ′ が P に用いられていないとする主張を客観的に把握する見込みのある仕方が分からない．... P に用いられている言語を客観的に選び出す P についての事実は存在する．しかしながら，それらの言語に対して特別なステータスを与えられた文法を客観的に選び出す P についての事実は存在するようには思われない．)

Chomsky (1980) はこの見解に対して，全く逆の主張が正しいことを力説する．ルイスは，「言語」をある共同体に存在すると客観的に主張しうる存在物と見なしているが，チョムスキーに言わせれば，「言語」は「文

法」の派生物であり，共同体の成員一人一人に内在化された実在的「文法」を仮定することなしに，「言語」を規定することはできないと主張する．ルイスが無批判に想定する「言語」は，コミュニケーションを可能ならしめる社会的に共有された存在物として，フレーゲの想定する「意義」や「意味」と同じステータスを与えられているが，この立場に欠落している点は，上でも述べた通り，コミュニケーションを可能ならしめる別の要因，すなわち人に内在化された言語機能の遺伝的に保証された共通基盤の存在である．この生物学的観点からすれば，「言語」は単に言語機能（この文脈では「文法」のこと）を備えた人の言語活動によって生み出された外延に過ぎず，それ自体には実在性は認められない．

このように考えてきた場合に，言語に対して外在的アプローチを取る学者が仮定する「公的言語」や「公的意味（・意義）」といった概念は，人間の言語活動を理解するのに必要な概念であろうか．チョムスキーの答えは，ノーである．我々は，日常会話で，「AさんとBさんは中国語を話すが，Cさんは英語を話す」といった言い方をする．この場合，「中国語」とか「英語」が「公的言語」の例と考えられるが，この概念はよくよく考えるとあまりはっきりしたものではない．「言語の基本的機能はコミュニケーション」と考えれば，公的言語は「コミュニケーションを図ることができる一共同体によって話されている言語」のように定義できるかも知れないが，これは実状にはそぐわない．というのは，「中国語」と一般に呼ばれているものであっても，通訳なしには意思疎通が図れないほどその方言はバラエティに富んでいるし，チョムスキーがよく出す例としては，ドイツ語を話すとされる人々でもオランダとの国境近くに住んでいる人たちはオランダ語を十分理解できる．公的言語には，また，規範的意味合いが込められていると考えられるが，言語研究者にとって，「言葉の規範的用い方を研究する」ことに果たして意味があるのかはなはだ疑わしいし，少なくとも人々の言語活動を理解する上では，何ら重要な役割を果たしているとは思われない．

また，学者が「公的意味」に言及する際には，「ある単語は外界のある対象物を指し示す」という考え方が前提となる．これに対して，チョムスキーは，前章で述べた通り，この単語と外界の対象物との直接の関係を否定し，この関係はその単語を用いる人によって媒介されていると主張する．その理由は，ある単語が外界のどういった対象物を指すかは，人の用い方によって変化しうるからである．例えば，「月」という単語であれば，それが指し示す対象物は紛れのないもののように思われるかも知れないが，何か人間の生活に役立つために作られたもの，例えば，「テーブル」「机」「椅子」といったものは，その形のみならず，用途によって指し示すものが異なってくる．見た目にはテーブルであっても，その用途が寝るためのものだと聞けば，それをテーブルと呼べるかどうかなど，これらの単語においては，何を指し示すかが，人の見方や状況によって左右されるのは明らかである．また，自然物と思われるものであっても，後に議論する「水」などは，人間の生活に密着しているが故に，それが何を指し示すかは，やはり人の見方や状況に依存するであろう．例えば，地球と瓜二つの惑星（「双地球（twin earth）」）が存在したとして，そこでは，人々は我々と全く同じように「水」を飲んだり，植物に与えたりしているのであるが，唯一異なるのはその物質が H_2O ではなく XYZ から成り立っているとした場合，我々はその物質を双地球人と同じように「水」と呼べるであろうか．答えは，イエスでもありうるしノーでもありうるであろう．このように見てくると，ある単語の公的意味とは何かを問題にすることが何か有意義なことのようには思われない．

　一つ注意が必要なのは，上で述べたことはあくまでも自然言語について人がそれをどのように用いているかについて当てはまるということである．これに対して，自然科学で用いられる専門用語は，外界のものを直接指し示すことが意図されている．例えば，我々が「水」という語を日常で用いる時には，それが何を指し示すかは，それを用いる話者によって，また様々な状況によって左右されるが，化学で用いられる「H_2O」という語

は，ある特定の物質を指し示すことが意図されている．したがって，自然言語を科学用語から明確に区別することが肝要である．生成文法が目指すのは，人間の脳内に備わっていると仮定された内在的言語の解明である．この内在的言語とは，前章で詳細に述べたように，人に内在的に備わった「文法能力」であり，人はこの能力を用いて，実際に言葉を使用する．この言葉の使用において，ある語が何を指し示すかは，この語が内在的言語によって特徴づけられた特性に従って，人がその語をどのように用いるかに依存することになる．これに対して，生成文法は内在的言語を科学的に解明しようとするものである．したがって，そこでは，ある実在物や実在的関係を指し示すと想定された専門用語が用いられている．例えば，名詞や動詞などの統語範疇，英語の疑問文を派生するための移動規則，構造内の二つの要素の階層関係を表す c- 統御 (c-command) などは，この部類に属するものである．意味部門について言うと，そこでは，自然言語との混同が起こりやすい．例えば，以下の例文において，

(12) a. The young man thinks he is a genius.
    b. He thinks the young man is a genius.

(12a) では，he は the young man を指し示すことができるが，(12b) では he は（束縛条件 C によって）the young man を指し示すことができないという言い方が，生成文法の研究論文では普通に使われている．しかしながら，厳密に言えば，この言い回しは誤解を生じやすく，これによって，he が外界に存在する the young man の指示物を指し示していることを意味しない．ここで想定されている指示関係は，理論内部で設定されたある世界のモデル M の中のものとの関係である．したがって，(12a) について文法規則が述べていることは，「he は the young man が M の中で指し示すものと同じものを指し示すことができる」ということである．この規則に従って，人が実際にこの文を用いる時には，「その人が the young man を用いることによって指し示す外界のある人と he は同じ人

を指し示す」という意図を持って用いることもできるし，また，he は全く別の人を指し示す意図を持って用いることもできる．これに対して，(12b) について文法規則が述べていることは，「he は the young man が M の中で指し示すものと同じものを指し示すことができない」ということである．この規則に従って，人が実際にこの文を用いる時には，「その人が the young man を用いることによって指し示す外界のある人と he は同じ人を指し示さない」という意図を持って用いなければならないことになる．この場合，理論的に設定された世界のモデル M は現実世界とある対応関係があることが前提とされているが，この二つは明確に区別されるべきものであり，「指し示す」という関係について，M においては，言語表現が M の中のあるものを指し示すという直接的関係が成り立っているのに対して，言語表現と現実世界との指示に関する関係は，このモデルとなる M における指示関係に依拠しながら，言語使用者がその関係の仲立ちをし，様々な要因によって指示が確定されることとなる．

3. 「規則に従う」とは？：ウィトゲンシュタインのパラドックス

　我々が言葉を用いる時に，暗黙のうちに，何らかの規則に従っていることは明らかである．例えば，前章の3節で取り上げた「三人」や「三本」といった数詞は，それが修飾する名詞（「学生」や「煙草」）の直後に置かれるのが通例である．しかし，一体どんな規則に従っているのであろうか．言葉を用いる時に「規則に従っている」という場合には，例えば我々が交通規則に従うという場合と大きく異なる特徴がある．それは，一体どんな規則に従っているのか，はっきりと意識できないということである．ウィトゲンシュタインはここにパラドックスが存在すると考える．Chomsky (1986) は，Kripke (1982) を取り上げ，クリプキが解釈するこのパラドックスを以下のように要約している．

(13) Given a rule R, there is no fact about my past experience (including my conscious mental states) that justifies my belief that the next application of R does or does not conform to my intentions. There is, Wittgenstein argues, no fact about me that tells me whether I am following R or R′, which coincides with R in past cases but not future ones.　　　(Chomsky (1986: 225))
(規則 R を与えられた場合，私の過去の経験の中には（私の意識可能な心的状態を含めて）R を次に適用した時に私の意図に適うか適わないかについての私の信念を正当化できるような事実は存在しない．私が R という規則に従っているのか，それとも過去の事例においては R と一致したが将来の事例においては一致しないであろうような R′ という規則に従っているのか，私に教えてくれる事実は私の中には存在しないと，ウィトゲンシュタインは論じる.)

クリプキは R と R′ の例として，足し算 (plus, +) とクワス算 (quus, ⊕) を想定する．クワス算とは，「二つの数 x, y がそれぞれ 57 より小さい場合は，x⊕y は x＋y に等しいが，57 かそれを超える場合は x⊕y＝5 になる」というものである．この例を使って，パラドックスを説明すれば，今私がある演算をたまたま 57 より小さい数字を用いて行っている場合，その演算が足し算の規則に従って行われていると私が考えることは妥当かも知れないが，次にそのような演算を行おうとした場合，果たして私は「足し算の規則に従っている」と考えることで正しい答えが得られるかを保証してくれるものは何もない．もし 68 と 57 に対して当の演算を行った場合，答えは 125 になるかも知れないし 5 になるかも知れない．このような考察からウィトゲンシュタインは以下のように結論づける．

(14) それゆえ，〈規則に従う〉ということは一つの実践である．そして，規則に従っていると信じていることは，規則に従っている

ことではない．だから，ひとは規則に〈私的に〉従うことができない．さもなければ，規則に従っていると信じていることが，規則に従っていることと同じことになってしまうだろうから．

（ウィトゲンシュタイン『哲学探求』藤本隆志訳二〇二番）

このパラドックスに対して，クリプキは「共同体（community）」という概念に基づいた解決策を提案する．

(15) 我々の現実の共同体は，アディション［＝足し算］の計算に関して（おおよそ）一様である．アディションの概念をマスターしたと認められる人は，… 彼が与えた個々の答えが共同体が与える答えと一致した時，… その時はじめて共同体によって，アディションの概念をマスターしたと判断されるのである．そしてそのようなテストに合格した人は，アディションが出来る人としてその共同体に受け入れられ，また，その他の十分多くの場合において同様なテストに合格した人は，言語の一般水準の使い手として，かつ，その共同体の一員として，受け入れられるのである．（クリプキ『ウィトゲンシュタインのパラドックス』黒崎宏訳179 ページ）

この考え方に従えば，「人が規則 R に従っている」と言いうるのは，その人が属する共同体の成員が規則 R に従った行動をすることによって，その人の行動様式と一致する場合に限られるということになる．この際重要なことは，当の本人がどんな規則に従っているかまたはどんな規則に従っていると信じているかは問題にならないということである．クリプキはこのことが，言語使用一般にあてはまることと考えている．「人がある言語規則 LR に従っている」と言いうるのは，その人の言語活動が，その人が属する共同体の成員の LR に従った言語活動と一致する場合に限られ，その人の言語活動にズレが生じている場合には，その人は LR に従って

いるとは見なされない．その際，当の本人がどんな言語規則に従っているかまたはどんな言語規則に従っていると信じているかは問題にならない．この主張は，生成文法理論のような言語の内在的アプローチを信奉する者にとって，重大なアンチテーゼを突き付けられた感がある．

　チョムスキーは，この考え方に対して，二つの反論を与えている．一つは，上で言語規則について述べられたことが，本当にある共同体の中で起きていることを正しく言い表しているか，についてである．この考え方に従えば，人がある言語規則に従っているかいないかは，共同体の規範的なものさしによってはかられることとなるが，言語獲得を考慮に入れると，子供は，大人とは異なった言い回しをすることから，「言語獲得過程において，最初は当の規則を習得していないがために間違った言語活動をする」といったような特徴づけをなされることになるであろう．例えば，英語話者の子供は，sleep の過去形を slept という代わりに sleeped と言ったり，bring の過去形を brought という代わりに brang と言ったりする．しかし，このような間違った語を用いる子供は，「言語規則に従っている」とは言えないであろうか．sleep の過去形を sleeped というのは，過去形の規則活用を誤ってこの場合に当てはめてしまった結果であり，bring の過去形を brang というのも，sing-sang の活用から類推した結果であり，明らかに言語規則に従っていると言いうるであろう．このことから，チョムスキーは，通例我々が「ある人が言語規則に従っている」と認識できるのは，クリプキの主張とは異なり，共同体の規範的言語規則からズレが生じている場合であると指摘する．

> (16) the proposed analysis is descriptively inaccurate. Typically, we attribute rule-following in the case of notable *lack* of conformity to prescriptive practice or alleged norms.　　　(*NH*: 31)
> 　（提案された分析は記述的に正しくない．典型的には，我々は，規範的な慣行や一般に認められた基準に明らかに従っていない

場合に，規則に従っていると見なすことができる．)

それならば，クリプキ流の考えでは，これらの事実は，子供が過去形を形作るのに「間違った」規則に従った結果であると説明されよう．しかしながら，この「間違った」という特徴づけは，正しい認識であろうか．一般的には，この特徴づけは容易に受け入れられる考え方ではあるが，チョムスキーが提案する思考実験「もし英語話者の大人が全て死んでしまって，「間違った」動詞の活用を用いている子供だけが生き残り，これらの子供が大人になって一つの共同体を形成した」場合，今度は sleeped や brang を用いる話者が，その共同体において言語規則に従っていると見なされることになる．このような恣意的結果が得られることを考えると，「間違った規則に従っている」という特徴づけは，言語活動を理解する上で，何ら有意味な働きをしているとは思われない．また，大人の場合でも，例えば，日本語の「ら」抜き言葉がよく槍玉に挙げられるが，多くの話者が「食べれる」とか「出れる」という言い方をするにもかかわらず，公共放送では「食べられる」「出られる」と言い換えて字幕をつけている．この場合，「ら」抜き言葉を使うことは，「間違った」言語規則に従っていることになるのであろうか．また，この場合にもう一つ大切な点は，「ら」抜き言葉を実際に使うかどうかは，言語使用者の選択に任されているということである．ある者は，周りの人間が「ら」抜き言葉を使っていても，誤用とされるために，意識的に正用法の形を用いたり，また，ある者は，「ら」抜き言葉が誤用と知りつつも，周りの人間に同調して「ら」抜き言葉を用いる場合もある．はたまた，一人の日本人が，ある時は「ら」抜き言葉を用い，別の時には正用法の形を用いるということもありうる．このことから一つ明らかなことは，人々の実際の言語活動に基づいて，言語規則に従っているかいないかを判断するのは，恣意的に過ぎないということである．

　チョムスキーの二つ目の反論は，(14) に挙げられたウィトゲンシュタ

インの「ひとは規則に〈私的に〉従うことができない」という言明に関してである．その根拠となるのは，足し算とクワス算の例が示すように，「規則に従っていると信じていることは，規則に従っていることではない」ということにある．この主張においてウィトゲンシュタインが前提としているのは，「ひとが無意識的に規則に従う」ことはないということである．まさにこの点において，ウィトゲンシュタインが描く言語像と生成文法理論のような言語の内在的アプローチが目指すものの間に大きなギャップが見て取れる．後者のアプローチは，まさに人が言葉を用いる際に，「無意識に従っている言語規則」を明らかにしようとするものである．例えば，本節の冒頭に掲げた「三人」や「三本」といった数詞の使い方であるが，数詞は，それが修飾する名詞（「学生」や「煙草」）の直後に置かれるのが通例である．しかしながら，前章で指摘したように，この特徴づけでは，以下の例文の文法判断の違いを説明できない．

(17) a. *学生が煙草を三人吸った．
　　　b. 煙草を学生が三本吸った．

(17b)では数詞とそれが修飾する名詞が離れているにもかかわらず，適格な文と判断される．生成文法家は，この言語事実を説明するために，日本語の話者がどのような規則に無意識に従っているのかを解明しようとする．一般的に受け入れられている説明は，言語の構造には「基底構造」と「派生構造」があり，基底構造においては主語が目的語より高い位置にあるということ，そして，目的語−主語という語順は，目的語を主語の前に移動することによって得られる派生構造を持っているということから導き出される．すなわち，(17b)の基底構造は「学生が煙草を三本吸った」であり，この構造から「煙草を」を「学生が」の前に移動することによって，その派生構造が得られる．そうすると，数詞とそれが修飾する名詞が隣同士になければならないという規則が派生構造ではなく基底構造に適用するとすれば，(17b)の適格性を説明することができる．このように，言語を

研究する科学者の目からすれば，人は無意識的に言語規則に従っていると結論づけることができる．したがって，ウィトゲンシュタインが主張する「ひとは規則に〈私的に〉従うことができない」を文字通りに受け取ることはできない．

　以上の考察から明らかとなるのは，ウィトゲンシュタインの引用の前半部分に述べられた「規則に従っていると信じていることは，規則に従っていることではない」という主張は正しく，こと言語規則については，我々は無意識のうちに理由もなく盲目的に従うのであり，意識的に信じているかどうかとは無関係であるということである．そして，通常の言語活動では，自分自身が規則に従っているかどうかには無頓着であり，また，他の人々が自分と同じ振る舞いをする場合には，規則に従っているかどうか気づかないままであることが通例である．そして，チョムスキーが指摘する通り，「他人が規則に従っている」と気づくのは，自分とは異なった言語表現を用いている時である．ここで肝要なことは，我々は一般には「自分や他人がどんな規則に従っているのか」については，明確には言い当てることはできないということであるが，これが，ウィトゲンシュタインのパラドックスを引き起こすのではなく，単なる人間の脳に内在化された言語機能の本性に起因するものであり，その問いに答えを与えうるのは，内在的言語研究を行っている科学者ということになる．

　ウィトゲンシュタインのパラドックスに基づいた「私的言語」の否定，これは，生成文法理論の言葉を用いれば，人間の脳に内在化された言語機能の否定を意味するが，この立場は他の言語哲学者に多大な影響を与え，生成文法理論との軋轢を生んでいる．上で見たように，私的言語の否定は，言語または言語活動を「言語共同体」のような社会的構成物に基づいた視点から把握するアプローチを正当化し，言語活動の第一義的意味をコミュニケーションに帰する．個々人は，その「言語ゲーム」に参画する者と位置づけられ，言語をマスターしたかどうかは，その人が内的にどのような言語能力を身に付けたかとは無関係に，もっぱらその人の言語行動が

その共同体の他の構成員と一致するかどうかに基づいて判断される．この考え方の最も重要な帰結は，人が言語をマスターしたということは，言語運用能力をマスターしたということを意味し，生成文法理論にとって重要なコンペタンスとパフォーマンスの区別を認めない点にある．例えば，Kenny (1984) は，この考え方に基づき，「ある言語を知ることは，取りも直さず，その言語を話し理解することができることを意味する」として，言語知識と言語能力を同一視する．これに対して，Chomsky (1980, 1986) は，この二つの概念を区別することは，一般の人の言語に対する理解に合致するとして，以下のように主張する．

(18) Two people may share exactly the same knowledge of language but differ markedly in their ability to put this knowledge to use.　　　　　　　　　　　　　　　　　　(Chomsky (1986: 9))
（二人の人が全く同じ言語知識を共有していても，この知識を実際に用いる能力は，際立って異なりうる．）

チョムスキーが問題にする「言語知識」はコンペタンス，すなわち文法に関する無意識の知識のことであるが，言語知識をことさらこのように限定しなくても，上のチョムスキーの主張は十分に理解可能と思われる．すなわち，ある二人のネイティブスピーカーが語彙知識も含めた言語知識を仮に共有していたとしても，片方はとても流暢に言葉を話し，相手の発話も状況に応じて的確に理解するのに対して，もう片方は，口下手で，頻繁に言い間違いをし，何を話しているのかうまく相手に伝えられず，また，相手の話していることも，状況を理解せずに，よく誤解したりするということは，実際に十分考えられる．また，チョムスキーがよく引き合いに出す例として，脳障害によって言語を話したり理解したりする能力が失われても，言語知識は依然として有しているケースが考えられる．この場合，言語知識を有しているということは，後に脳機能が回復することによって，再び当該の言語を話したり理解したりできるようになることから証拠づけ

られる．というのは，もし知識と能力の区別を設けないのであれば，当該言語を話したり理解できなくなるということは，言語能力すべてを失ったことになり，再び当該言語を運用できるようになるというのは，この考え方の下では，謎であり，適当な説明を与えることができないからである．Chomsky (1980) では，さらにもう一歩踏み込んで，仮に言語運用能力を失った人が再びその能力を回復することがない場合でも，言語知識は依然として有している可能性を示唆している．その場合，言語知識が保持されているかどうかは，例えば，聴覚野を物理的に刺激して，通常言語活動を行っているときに働くとされる言語野が同様の仕方で働くのが観察されるかどうかなどの様々な脳生理学的実験を駆使して確かめることも原理的には可能であろう．このように，コンペタンスとパフォーマンスを区別するといったモジュラー的アプローチでは，様々なケースを想定して実験を行い，そのモジュールの中身を科学的に解明することを可能にする．これに反し，言語能力を実際の運用能力と同一視し，その内的メカニズムを考慮しようとしないウィトゲンシュタイン流のアプローチでは，脳生理学で得られた知見などは，「言語研究」とは何ら関係するところはなく，ある言語共同体での「言語活動」のみが，その考慮対象ということになる．

　このように，言語能力を言語活動によってのみ推し量るウィトゲンシュタイン流のアプローチは，人々の脳に内在化された言語能力がいかなるものかとは無関係に，人々の言語能力をその言語活動によって規定しようと試みる．例えば，Dummett (1976/1993) は，このような考え方に沿って，意味論とはいかにあるべきかを考察している．

(19)　A theory of meaning of this kind is not intended as a psychological hypothesis. Its function is solely to present an analysis of the complex skill which constitutes mastery of a language, ...; it is not concerned to describe any inner psychological mechanisms which may account for his having those abilities

　　　　　…　　　　　　　　　　　　　　　　(Dummett (1976/1993: 37))
　　　(この種の意味論は，心理学的仮説として意図されたものではな
　　　い．その機能は，単にある言語をマスターしたことを示す複雑
　　　な技能の分析を提示することである．… この意味論は，その人
　　　のそれらの能力を説明するかも知れない内的な心理学的メカニ
　　　ズムを記述しようとすることには関わらない．)

このように，内的な心理学的メカニズムを考慮することなく，ネイティブ
スピーカーの言語行動によって示された技能や運用能力によって意味論を
構築することを正当化するのに，ダメットは火星人やロボットが人間言語
を習得した場合を想定して，以下のように述べている．

(20)　an implicit knowledge of the correct theory of meaning for the
　　　language could be attributed to the Martian or the robot as
　　　much right as to a human speaker, even though their internal
　　　mechanisms were entirely different.　　　　　　　　　(ibid.)
　　　(当該の言語に対する正しい意味論の無意識の知識は，人間の話
　　　者と同様に火星人にもロボットにも等しく帰せられるであろう．
　　　それらの内側のメカニズムは全く異なっていたにもかかわら
　　　ず．)

この主張において重要な点は，ある生命体や擬似生命体が，同じ無意識の
意味論的知識を持っていると見なす根拠は，その言語行動に依拠している
という点である．すなわち，ロボットが知能を有しているかどうかを決定
するためのチューリングテストのように，そのような生命体や擬似生命体
が，人間と見間違うような言語行動を示す限りにおいて，無意識の意味論
的知識を帰するということになるであろう．しかしながら，無意識の知識
を単にその行動に基づいて帰することには，大きな疑念がある．Searle
(1980) では，「機械は思考可能か」という問いに対して，単にチューリン

グテストに基づいて判断することの誤謬を，いわゆる「中国語の部屋」を思考実験として用いることによって示している．この思考実験とは，漢字を全く理解できないアメリカ人（サール自身のことを指す）が小部屋の中にこもり，ある漢字の書かれた紙切れを渡されたら，英語のマニュアルに指示された通り，別の漢字を書き込み，それを渡し返すという作業を繰り返すことによって，その部屋があたかも中国語を理解する機械であるかのように振る舞っているという状況を想定するものである．この思考実験が示唆するのは，「思考する」とか「理解する」とか「知識を持つ」といった特性をあるものに帰するためには，そのものの内的メカニズムを考慮する必要があるということである．このような思考実験を考慮に入れると，(20) でダメットが主張するように，火星人やロボットに対して，その内的メカニズムを考慮することなく，人間と同様に同じ無意識の知識を帰することには，何ら根拠がないと言わざるを得ない．それは，翻って，(19) に述べられたダメットの内的な心理学的メカニズムを考慮することなく，ネイティブスピーカーの言語行動によって示された技能や運用能力によって意味論を構築する方法にも，根拠がないことを示唆する．

4. 語の意味と社会的役割：Putnam (1975)

パットナムは "The Meaning of 'Meaning'" で，語の意味はどのようにして決定されるのかについて考察し，フレーゲの意味と意義の区別を仮定した上で（パットナムの用語では，外延 (extension) と内包 (intension)），以下のテーゼを掲げる．

(21) Extension is *not* determined by psychological state.

(Putnam (1975: 222))

（外延は心的状態によって決定されない.）

通例，外延は内包によって決定されると仮定される．フレーゲは外延も内包も共にいわゆる公的言語に属すると考えているが，パットナムは「もし語の意味（すなわち内包）を知っているということが，ある心的状態にあると仮定されるならば，そのような心的状態にあるならばその語の外延を決定できることになるが，それは正しくない」と主張する．これが（21）に掲げられたテーゼの意味である．このテーゼを確証するために，パットナムは「ある人の共同体で使われているある語 X の外延がある別の人の共同体で使われている X の外延と異なっているにもかかわらず，その別々の共同体に属する二人が X に関して全く同じ心的状態にありうる」ことを「双地球」(twin earth) を用いた思考実験によって示している．そして，この実験から，「語の意味は頭の中では決定できない」と結論づけ，言語に対する内在的アプローチに対して問題を提起している．

　この思考実験では，地球と，ある一点を除いては，何から何まで同一の「双地球」を想定する．その唯一異なる点とは，地球の「水」が H_2O から構成されているのに対して，双地球では，「水」が XYZ という化学物質から構成されているということである．二つの地球での人々の「水」に対する関わり方は全く同様である．さて，パットナムは，化学がまだ未発達で水の構成要素が何であるかまだ発見されていない1750年にタイムスリップする．その時代にあっては，人々の「水」に対する意識が地球と双地球では全く変わらないと想定するのは自然である．また，その時代にあっても，二つの地球での「水」の外延が異なっていると見なすことは可能であろう．ここから，パットナムは以下のように主張する．

(22) 　Oscar$_1$ [on Earth] and Oscar$_2$ [on Twin Earth] understood the term 'water' differently in 1750 *although they were in the same psychological state*, ... Thus the extension of the term 'water' ... is *not* a function of the psychological state of the speaker by itself. 　　　　　　　　　　　　　　　　(Putnam (1975: 224))

（地球上のオスカー$_1$と双地球上のオスカー$_2$は，1750 年には「水」という語を，同じ心理状態にあったにもかかわらず，異なって理解していた．… したがって，「水」という語の外延は，… 話者の心的状態の関数それ自身から得られるものではない．）

この中で述べられていることで，一つ疑問に思われることは，「オスカー$_1$とオスカー$_2$が 1750 年には「水」という語を異なって理解していた（understood the term 'water' differently）」という主張である．「理解する」という語は心的述語であることから，「水」に関して同じ心的状態にある二人がその語を異なって理解するというのは，矛盾のように思われる．この問題を避けるために，(22) をより単刀直入に以下のように言い換えられるであろう．

(23) 地球上のオスカー$_1$と双地球上のオスカー$_2$は，1750 年には「水」に関して同じ心的状態にあったにもかかわらず，その語の外延は異なっていた．…

さてこのように言い換えてもなお残る疑問は，「1750 年の「水」の外延と今現在（パットナムは 1950 年と想定する）の「水」の外延が，それぞれの地球において，同じであるといかにして保証されるのか」ということである．

パットナムは，この問いに対して，「水」の**「直示的定義」**（ostensive definition）を引き合いに出す．すなわち，「水」が指し示すものは，例えば，目の前にあるグラスに入った液体であり，同じ言語共同体に属する者であれば，同様に，「同じ液体」を「水」と呼ぶであろう．この直示的定義に基づけば，1750 年に遡っても，人は今現在の人と「同じ液体」をやはり「水」と呼ぶであろう．例えば，1750 年であれ今現在であれ，ある土地の近くを流れる川を人は指差して「水」と呼ぶであろう．これがパットナムが外延の同一性を保証すると考える根拠である．しかし，この直示的

定義は「水」の外延が何であるかを決定するものではない．そこで，パットナムは，語の意味の決定には**「言語役割の分担」(division of linguistic labor)** が関わっていると主張する．すなわち，語の外延は，その語に精通する専門家によって決定されるとするのである．「水」であれば，地球の専門家はその外延を H_2O と決定するし，双地球の専門家は XYZ と決定する，というように．

さて，言語の内在的アプローチの観点から，このパットナムの主張をどう評価できるであろうか．まず指摘しなければならないのは，ある語の意味を考える際に，自然言語と科学用語の区別立てをする必要性があることである．上述のように，チョムスキーはこの区別立てを必須のものと考える．その根拠は，科学用語はそれに対応する実在物すなわち外延を直接指し示す関係にあるのに対して，自然言語においてはある語が何を指し示すかはそれを用いる人によって大きく左右されるということであった．この区別立てを明確にする内在的アプローチにとっては，「地球上のオスカー$_1$ と双地球上のオスカー$_2$ が，1750 年には「水」に関して同じ心的状態にあったにもかかわらず，その語の外延が異なっていた」としても，何ら問題とはならないであろう．というのは，「水」に関する心的状態が，まさにこのアプローチがターゲットとする語の意味を決定する要素であるのに対して，「水」の外延については，物理学および化学が扱うことで，このアプローチにとっては無関係だからである．

また，パットナムは，上述のように，語の外延を決定する際，二つの要因，すなわち「言語役割の分担」と「直示的定義に基づく外延の同一性」を認めるが，そこから得られる帰結には，疑わしいと思われる点がある．一つの帰結として，パットナムは以下のように述べている．

(24) Someone on Earth in 1750, if he had been taken to Twin Earth … would have *taken* Twin Earth water for water, but he would have been making a mistake; he would have been thinking that

it was the *same* substance that he knew by the name "water" on Earth. (Putnam (1988: 31))
(1750年に地球の誰かが双地球に連れて行かれたとすれば，その人は双地球にある水を（地球の）水と取り違えるであろうが，その場合その人は間違いを犯していることになるであろう．というのは，その人は双地球にある水がその人が地球で「水」の名前で知っているものと同じ物質だと考えるであろうから．）

この主張において，双地球に連れて行かれた地球人が双地球にある水を「水」と呼んだ場合，「その人は間違いを犯していることになる」とする根拠は何であろうか．それは，「直示的定義に基づく外延の同一性」の考えに基づいて，その人が普段の地球の生活において「水」が指し示していると考える液体が，双地球においても「同様の液体」と考えていることによる．しかし，1750年当時，H_2OとXYZの区別をできたものは専門家を含めて誰もおらず，したがって，誰一人として，双地球に連れて来られた地球人に対して，「間違いを犯している」と指摘できた者はいない．前節で解説したクリプキの「人が規則Rに従っていると言いうるのは，その人が属する共同体の成員が規則Rに従った行動をすることによって，その人の行動様式と一致する場合に限られる」という主張を思い起こしてほしい．この考え方に従えば，双地球に連れて来られた地球人は，想定上，双地球の共同体の成員と同じ行動様式に従うことから，この人が双地球にある水を「水」と呼んだ場合，双地球の人々は，この地球人を「規則に従っている」と見なすであろう．このように考えてくると，(24) に述べられた仮想状態で，双地球に連れて来られた地球人が間違いを犯していると見なす根拠は希薄であるように思われる．チョムスキー流の仕方で，(24) に述べれられた状況をさらに敷衍して，以下のような状況を考えてみよう．

(25) 地球人が地球がまもなく滅亡することを知り，他方，双地球で

は双地球人が何らかの理由で滅亡しつつあることを知る．そこで，地球人は双地球に移住することを決め，最終的には地球人だけが双地球に住み始めたとする．

この場合，人々は双地球にある水を「水」と呼び，地球にいた時と全く同様の生活を営むことが期待される．パットナムの想定では，1950年現在では，双地球の「水」はXYZを指し示すことが判明するので，少なくとも双地球に移り住んで来た地球人は，双地球にある水を「水」と呼び続けたことについて，「間違いを犯していた」ことになるのであろうか．双地球で生まれた子孫についてはどうなのであろうか．チョムスキーが指摘するように，このような仮想状態では，はっきりとした判断を下すのは困難であり，多分に主観的になりがちである．このことは，「直示的定義に基づく外延の同一性」の客観的根拠が希薄であることを示唆するものであり，ひいては，語の意味について，「語が外界にある何物かを指し示す」という考え方の正当性に対して疑念を起こさせる．語が何を指し示すかは，上述の例からも明らかなように，多分に主観的であり，状況によっても大きく左右される．よって，チョムスキーが主張するように，「語は直接外界の何かを指し示すのではなく，人がその語を用いて外界の何かを指し示すことを意図する」と考えるのが妥当であろう．

パットナムの上の「双地球」の思考実験でもう一つ重要な問いは，「1750年当時，「水」の外延はいかに決定されたのか」ということである．想定上，この当時の「水」の外延はH_2OでもXYZでもない．おそらくある不可分な液体と考えられていたであろう．そうすると，地球において，1750年当時，科学者は「水」を不可分な液体であると見なし，1950年現在では，H_2Oであると見なしていることになる．ここで，疑問に思われるのは，1750年当時の不可分な液体である「水」と1950年現在のH_2Oである「水」を科学者は同じものを指し示していると考えるのか，ということである．これは，「**科学の共約可能性**」(**commensurability**)に関わ

る問題である．これについては，クーンが「科学の進歩とは，単純にある連続した一つの道筋を前に進むがごとくではなく，通常科学の状態とそれに対する科学革命の繰り返しによって起こるものである」とする見解を表わして以来，ある通常科学のパラダイムと科学革命後の別の通常科学のパラダイムとは共約可能ではないと考えるのが一般的である．この「共約不可能性」の考えに立てば，1750年当時の不可分な液体である「水」と1950年現在の H_2O である「水」は，科学者にとって，同じものを指し示しているとは言えないことになる．というのは，1750年当時の科学のパラダイムと1950年現在の科学のパラダイムでは，「水」という概念に対して，何らかの連続性を認めているわけでないからである．Putnam (1988) が例にあげているボーアの「電子」について言えば，1900年のボーアの理論で，「ちょうど惑星が太陽のまわりを回るように電子は原子核のまわりを回っている，すなわち，電子に軌道があるとされている」（パットナム『表象と実在』林泰成・宮崎宏志訳25ページ）場合の「電子」という概念と，1934年の彼の理論で，「電子にはけっして軌道がない――実際，電子が位置と運動量を同時に備えることはけっしてない――とされている」場合の「電子」という概念では，何ら連続性がないので，同じものを指し示しているとは言えないであろう．このように考えてくると，パットナムの「双地球」の思考実験において，「1750年当時の不可分な液体としての「水」と1950年現在の H_2O である「水」は，同じものを指し示している」という主張は，疑わしいものであることがわかる．

　パットナムは「水」や「電子」などの科学概念について，科学のパラダイム転換を経てもなお相変わらず同じものであり続けるような特殊な概念を想定している．例えば，「水」については，以下の引用にその考え方が現れている．

(26) 　the fact that an English speaker in 1750 might have called *XYZ* 'water', while he or his successors would not have called *XYZ*

water in 1800 or 1850 does not mean that the 'meaning' of 'water' changed for the average speaker in the interval. ... What changed was that in 1750 we would have mistakenly thought that *XYZ* bore the relation same$_L$ to the liquid in Lake Michigan, while in 1800 or 1850 we would have known that it did not. (Putnam (1975: 225))
(1750年の英語話者がXYZを「水」と呼び，その同じ話者や後裔が1800年や1850年にはXYZを「水」と呼ばなくなったであろうような事実は，その間一般的な話者にとって「水」の「意味」が変わったということを意味しない．... 変わったのは，1750年に我々が間違ってXYZが［例えば］ミシガン湖の液体と「同じである」という関係にあると思っていたことであり，それに対して，1800年や1850年には我々はXYZがそういう関係にはないということを知っていたということである．)

また，「電子」については，以下のように述べている．

(27) "Electron" is treated as "preserving at least its *reference* intact through all of this theory change" and "Bohr's 1934 theory as a genuine *successor* to his 1900 theory" (Putnam (1988: 13))
(「電子」はこの理論が変化している間もずっと，少なくともその指示するものを変わらずに保持していると見なされ，ボーアの1934年の理論は彼の1900年の理論の純粋な後継理論と見なされる．)

このような科学用語の取り扱いは，例えば，ヒュームの「実体」の定義に合致するものである．この定義に従えば，「実体」とは以下のような性質を有する．

(28) 既知性質に対して有する単純性質が新たに発見されれば，この

第2章　方法論的二元論と言語に対する外在的アプローチ：パットナムの場合　67

新しい性質がどんなものであれ，我々は直ちにこれを既知性質中に包括して，該実体に関する従前の想念のうちに入っていなかったことを問わないのである．

(ヒューム『人性論』大槻春彦訳47ページ)

この定義に従えば，例えば，「金」という概念は，「黄色・重味・展性・熔性」という既知性質を持っていたであろうが，「ひとたび，王水中に於ける金の溶性を発見すれば，我々はこの性質を他の性質に加えて，しかも溶性の観念が始めから金という複合観念の部分をなしていた時と同じく固く金という実体に属すると思い做すのである．」また，パットナムのこのような実体的概念は，クリプキの「**固定指示子**」(**rigid designator**)の概念に通じる．例えば，「金」は固定指示子であるが，「金とは，あそこにある品々，または，ともかくそれらのほとんどすべてによって例示される物質である」(クリプキ『名指しと必然性』八木沢敬・野家啓一訳159ページ)というような大雑把な「定義」を与えられ，このサンプルに当てはまると信じられている一定の諸性質は，「後の経験的探求によって，その性質のうちあるものは当初のサンプルに属していなかったとか，それは当初のサンプルだけの特性であって種全体に一般化することはできないといったことが確証されるかもしれない．」(同162ページ) そして，科学の役割については，「一般に科学は，基本的な構造的特質を探求することによって種の本性，したがって（哲学的意味における）その本質を見出そうとする．」(同163ページ) しかし，重要なことは，「種の本質の科学的発見は「意味の変化」を引き起こさない」(同163ページ)ということである．このような，「実体」や「固定指示子」のような哲学的概念は，自然科学の探求においては，何の役割も果たさないのは明らかである．また，我々が「水」や「金」などの語を日常会話で用いる時には，上述のように，それらの語が何を指し示すかは，それを用いる人や状況に左右され，そのような観察から，語の意味（外延）を決定することに，何か有意義な結果が得られるかは疑わし

い．これらの概念が何か役割を果たすとすれば，我々の共通感覚（common sense）または信念体系の形成において，これらの概念が寄与している可能性は十分あるが，これは研究の対象であって，心理学の一部である ethnoscience に属するものである．残された可能性は，上の (5) で引用したパットナムの「共通感覚による世界の理解へのアプローチ」における役割であるが，上述した通り，そのようなアプローチには確固とした動機づけを見出すことはできない．

　本節の冒頭に掲げた Putnam (1975) の「外延は心的状態によって決定されない」というテーゼは，パットナムをして意味論に関する**「生得的仮説」**(**innateness hypothesis**) に反対する立場を表明させることとなる．チョムスキーは，言語獲得において，子供が語の意味を，周りの大人から単に教わったとは思われないほどに正確に，驚くような速さで獲得するという事実から，子供には「生得的諸概念」が備わっていて，子供が言語獲得において中心的に行っていることは，子供が出くわす語彙にこの生得的概念のいずれかをあてがうこと（labeling）である可能性を指摘している．これに対して，Putnam (1988) は，この生得的仮説に対して真っ向から反論する．

(29)　To have given us an innate stock of notions which include *carburetor*, *bureaucrat*, *quantum potential*, etc., ... evolution would have had to be able to anticipate all the contingencies of future physical and cultural environments. Obviously it didn't and couldn't do this.　　　　　　　　(Putnam (1988: 15))
（「キャブレター」「官僚」「量子ポテンシャル」などを含む生得的諸概念の蓄えを我々に提供してくれたのだとすれば，進化は将来の物理的，文化的環境に生じる様々な出来事をすべて予見できていなければならなかったことになる．明らかに，進化はそうした予見を行わなかったし，行えもしなかった．）

これは,一見するともっともな主張のように思われる.「生得的諸概念」がヒトに備わっているということは,ヒトが進化の過程で遺伝的にそれらの概念を獲得したと考える以外に説明のしようがないであろうし,もし子供の語の意味獲得が単なる語彙と生得的概念のマッチングであれば,「キャブレター,官僚,量子ポテンシャル」などの以前には現実界に存在しなかった概念も,ヒトはすでにそのような概念の存在を予見できていたことになるであろう.これに対して,Chomsky (2000) は,この語の意味獲得の問題が,免疫学における抗原と抗体との関係についての考察と並行的である可能性を示唆している.動物の免疫システムの作用の仕方について,抗体の形成に関わる抗原には様々な種類があり,また現実界には以前存在せず人工的に作られた抗原に対しても抗体が形成されるという発見を考え合わせると,抗体の形成は,言わば「習得過程」のように,抗原の特性や働きに強く依存している (instructive) と考えるのが定説であった.これに対して,Niels Kaj Jerne (1967) によれば,この定説は覆され,抗体の形成における抗原の働きは見直された.

(30) an animal cannot be stimulated to make specific antibodies, unless it has already made antibodies of this specificity before the antigen arrives. (Jerne (1967: 201))
(動物は,ある特定の抗体を作るよう刺激されるためには,抗原が到着する前にこの特定の抗体をすでに形成しておかなければならない.)

この説によれば,「習得過程」のように見える抗体の形成は,実際には,あらかじめ用意された抗体のサンプルから選び出す (selective) 過程と見なすのが正しいことになる.イェルネは,この抗体の形成の例も含め,生物学の歴史を振り返ると,生物が周りの環境から影響を受けて変化を被っているように見える現象は,最初,**「学習理論」(instructive theory)** によって説明を与えられていたが,ダーウィンの突然変異と自然選択の理論

の出現によって，このような環境による変化は，あらかじめ生物自身に備わった選択肢の中から選び出されるという「**選択理論**」(selective theory) によって説明されるようになったことを指摘している．そうした上で，この「学習理論」から「選択理論」への転換は，脳の働きについても当てはまるのではないかとの示唆を与えている．すなわち，我々が通常「学習」によって得たと考えられる知識や信念も，実はあらかじめ脳に備わった観念や概念の体系の中から，経験が刺激となって選び出されたものであるとする選択理論が正しい可能性を示唆している．この考え方に基づけば，語彙に付与される諸概念も，一見すると，パットナムが主張するように，経験から語彙と概念の結びつきを習得したとする説がもっともであると思われるかも知れないが，実は，チョムスキーが示唆するように，「生得的概念」がすでに子供に備わっていて，その中から語彙とマッチングする概念を選び出していると考えることも十分可能である．もちろん，この生得的概念は，「キャブレター，官僚，量子ポテンシャル」のような概念そのものを含んでいるのではなく，ちょうど，音韻論で言えば音素の特性を表す弁別素性 (distinctive feature) のように，より基礎的な概念を成し，通常の語彙に与えられる概念は，この基礎的な概念の複合物と考えるのが妥当であろう．上述のように，この語彙の意味獲得の問題においても，「刺激の貧困」の議論が成り立つのであれば，チョムスキーが唱える生得的仮説も十分に根拠のあるものと言えよう．

5. 何でも理論の誤謬：Davidson (1986)

これまで言語の外在的アプローチに対して批判的検討を加え，内在的アプローチが研究対象とする内在的言語とは対照的な，共同体によって共有された「公的言語」もしくは「公的意味」を仮定することに確固たる根拠がないことを示してきた．これに対して，内在的アプローチを取る生成文

法が目指すのは，脳内にある内在的言語の中身を明らかにすることであるが，一つ注意しておかなければならないことは，「生成文法理論は人々の言語行動自体を隈なく説明しようとするのではなく，その行動の背後にあって，その行動にある一定の規則性を与えている文法能力を明らかにしようとする」ということである．したがって，人がある状況下でどのような発話をしたり，相手の言っていることをどのように理解したりするかは，直接の研究課題とはならない．Putnam (1978) は，「「精神」の理解には，完全なる人間の機能的組織 (human functional organization) のモデル化が必要である」と主張しているが，生成文法の目標は，それよりもずっと控えめであり，いわゆるモジュラー的アプローチの下，言語活動を支える文法能力の解明によって，人々の言語活動の理解を深めることに貢献することを狙いとしている．パットナムが主張する「完全なる人間の機能的組織のモデル化」は，チョムスキーの言葉を借りれば，「何でも理論 (theory of everything)」に陥り，かえって物事の本質を見失う結果になりかねない．

　チョムスキーは，Davidson (1986) の**「暫定的理論」** (**passing theory**) をこの「何でも理論」の一例と位置づける．この論文の中で，ディヴィッドソンはこの暫定的理論を打ち立てることによって，共同体によって共有された「公的言語」や「公的意味」の無用性を論じている．ディヴィッドソンは，まず，人々の言語活動が一般に以下の三つの原則によって行われていると考えられているとする．

(31) a. *First meaning is systematic.*
   b. *First meanings are shared.*
   c. *First meanings are governed by learned conventions or regularities.*

(Davidson (1986: 436))

(a. 第一意味は体系的である．b. 第一意味は共有されている．

c. 第一意味は学習された規約や規則性によって統制されている.)

ここでディヴィッドソンが「第一意味」(first meaning) と呼んでいるものは，言語表現の文字通りの意味 (literal meaning) を表している．(31a) は，「言語表現の第一意味は，語などその部分を構成する意味的特性とその構造によって，体系的に決定される」ということであり，(31b) は「話し手と聞き手のコミュニケーションがうまく行くためには，そのような体系化された意味決定方式が共有されていなければならない」ということであり，(31c) は，「それが話し手と聞き手によって前もって学ばれていなければならない」ということである．

ディヴィッドソンは，人が相手の発話をいかに解釈し理解するのかという観点から，「通訳者 (interpreter)」という言葉を用いている．そして，(31a) に関して，体系化された意味決定方式を捉える理論と通訳者のそれについての知識の関係を以下のように述べている．

(32) claims about what would constitute a satisfactory theory are not, ..., claims about the propositional knowledge of an interpreter, nor are they claims about the details of the inner workings of some part of the brain. They are rather claims about what must be said to give a satisfactory description of the competence of the interpreter.　　　(Davidson (1986: 438))
(どのようなものが満足のいく理論を構成しているのかについての主張は，... 通訳者の命題的知識ないし通訳者の脳内のある部分の働きの詳細についての主張とは異なる．それらの主張は，通訳者の言語能力を満足のいくように記述するのに必要とされるものについての主張である．)

この引用を理解するためには，「体系化された意味決定方式を捉える理論」

が，生成文法理論が主張するように，脳内に内在化されたシステムを捉える理論と誤解しないことが大切である．これは，3節で言及された Dummett (1976/1993) の言語観と同様，あくまで外在的に存在すると考えられているシステムについての理論で，通訳者が実際に保有する言語能力を必ずしも捉えるものではない．したがって，以下のような帰結が導き出される．

(33) It does not add anything to this thesis to say that if the theory does correctly describe the competence of an interpreter, some mechanism in the interpreter must correspond to the theory.
(ibid.: 238)
(もしこの理論がある通訳者の言語能力を正しく記述したならば，その通訳者の脳内のメカニズムがその理論に対応すると主張しても，このテーゼに何も付け加えたことにはならない．)

このことから，(31a) に関して，「体系化された意味決定方式を捉える理論」は，通訳者の言語能力を直接捉えるものではないと結論づけられる．

(31b) について，ディヴィッドソンは以下のように述べている．

(34) this principle [= (31b)] does not demand that speaker and interpreter speak the same language. ... What must be shared is the interpreter's and the speaker's understanding of the speaker's words. (ibid: 238)
(この原則は，話者と通訳者が同じ言語を話すことを要求しない．... 共有されなければならないのは，話者の言葉を通訳者と話者が理解する仕方である．)

ここで述べられている「同じ言語」とは，共同体に存在すると想定された公的言語についてのことである．したがって，上の引用が述べていることは，「人々の言語による相互理解において，「同じ公的言語を話す」という

ことは，必須の条件ではない」ということである．そして，ディヴィッドソンは，実際のコミュニケーションにおいて共有されなければならないものを，「**暫定的理論**」(**passing theory**) と呼ぶ．

(35) What must be shared for communication to succeed is the passing theory. For the passing theory is the one the interpreter actually uses to interpret an utterance, and it is the theory the speaker intends the interpreter to use. (ibid.: 442)
(コミュニケーションがうまくいくために共有されなければならないのは，暫定的理論である．というのは，この暫定的理論が，通訳者が実際にある発話を解釈するのに用いるものであり，発話者が通訳者が用いることを意図している理論である．)

この理論が「暫定的」と呼ばれる所以は，それが常におかれた状況によって変更が加えられ，通訳者は，発話者が通訳者が用いると思っている暫定的理論に自分の理論を合わせる必要があるからである．この両者の暫定的理論が完全に一致すれば，コミュニケーションは成功したことになる．このように考えてくると，(31c) で述べられたことは (31a, b) からは帰結しないとディヴィッドソンは主張する．

(36) But the passing theory cannot in general correspond to an interpreter's linguistic competence. ... Every deviation from ordinary usage, as long as it is agreed on for the moment ... is in the passing theory as a feature of what the words mean on that occasion. (ibid.: 442)
(しかし暫定的理論は，一般的に，通訳者の言語能力には対応しえない．... 通常の用法からいかに逸脱したとしても，一時的にその逸脱が了解されれば，暫定的理論においては，その機会において語が何を意味するかを決定する一要因となる．)

第 2 章　方法論的二元論と言語に対する外在的アプローチ：パットナムの場合　75

　この「暫定的理論が通訳者の言語能力には対応し得ない」ということを端的に示す例として，ディヴィッドソンは「言葉の誤用」(malapropism) を挙げる．例えば，マラプロップ夫人が，本人の無知から "a nice arrangement of epithets" と言うべきところを "a nice derangement of epitaphs" といつも間違えるとする．通訳者は，最初，この表現の意味を理解しかねるであろう．しかし，マラプロップ夫人と会話を重ねていくうちに，通訳者の暫定的理論はこの表現を何とか理解するように変更され，最終的には "a nice derangement of epitaphs" が「すてきな形容表現の配置」という意味に理解されるようになるであろう．

　以上の考察から，ディヴィッドソンは以下のように結論づける．

(37)　'Mastery' of such a language would be useless, since knowing a passing theory is only knowing how to interpret a particular utterance on a particular occasion.　(ibid.: 443)
（このような言語をマスターすることは役に立たないであろう．というのは，暫定的理論を知ることとは，ある特定の機会にある特定の発話を解釈する仕方を知っているに過ぎないからである．）

(38)　what interpreter and speaker share, to the extent that communication succeeds, is not learned and so is not a language governed by rules or conventions known to speaker and interpreter in advance; but what the speaker and interpreter know in advance is not (necessarily) shared, and so is not a language governed by shared rules or conventions.　(ibid.: 445)
（コミュニケーションがうまく行くために通訳者と話者が共有しているのは学ばれたものではない．したがって，前もって話者と通訳者に知られている規則や規約によって統制された言語でもない．話者と通訳者が前もって知っているものは（必ずしも）

共有されてはいない．したがって，共有された規則や規約によって統制された言語ではない．)

(39) there are no rules for arriving at passing theories, ... I conclude that there is no such thing as a language ... There is therefore no such thing to be learned, mastered, or born with. We must give up the idea of a clearly defined shared structure which language-users acquire and then apply to cases. (ibid.: 446)
(暫定的理論に到達する定まった規則はない．... 私は次のように結論づける．すなわち，言語のようなものは存在せず，... したがって何か学ばれなければならないもの，マスターされなければならないもの，生まれつき持っていなければならないものはない．我々は，言語使用者が獲得し個々のケースに適用するような明確に定式化された共有構造があるという考えを断念しなければならない．)

ディヴィッドソンが想定する「公的言語」が，ある特定の機会にある特定の発話を解釈するのに用いられる「暫定的理論」と異なるのは，上の議論から明らかである．しかしながら，このことから，「言語をマスターしても役に立たない」とか「話者と通訳者が前もって知っているものは共有された規則や規約によって統制された言語ではない」と結論づけるのには，大きな飛躍が見られる．また，「暫定的理論に到達する定まった規則はない．したがって，何か学ばれなければならないもの，マスターされなければならないもの，生まれつき持っていなければならないものはない」という結論にも根拠がない．ディヴィッドソンがこの論文で示し得たことというのは，彼の以下の言葉に集約されていると思われる．

(40) The general framework or theory [of a language], whatever it is, may be a key ingredient in what is needed in interpretation, but it can't be all that is needed since it fails to provide the in-

terpretation of particular words and sentences as uttered by a particular speaker.　　　　　　　　　　　　　　　　(ibid.: 444)

（［言語の］一般的枠組みまたは理論は，それが何であれ，解釈に必要とされる重要な要素であるかも知れないが，それが必要なすべてではあり得ない．というのは，そのような理論は，ある特定の話者によって発話された，ある特定の語や文の解釈を与えはしないからである．）

この主張は，「言語」を「公的言語」と取ろうが，生成文法理論のように「内在的言語」と取ろうが，おそらく，反対する学者はいないであろう．とりわけ，この主張は，本節の冒頭で述べた生成文法理論の目標，すなわち「人々の言語行動自体を隈なく説明しようとするのではなく，その行動の背後にあって，その行動にある一定の規則性を与えている文法能力を明らかにしようとする」という目標の大前提となっているものである．ディヴィッドソンの「暫定的理論」は，人々の言語行動を包括的に余すところなく捉えようとしたが故に，その背後にあってその行動を統制している「言語規則」の重要性を見落としてしまったと言えるであろう．

6. パットナムによる反論：社会的実在としての言語

人々の言語活動は複雑で，地域的，社会的要因によって様々な側面を示す．言語を自然科学の手法で研究しようとする自然主義的アプローチにとって，このような多面的現象を捉える際の常套手段は，「**理想化**」(**idealization**) である．チョムスキーは理想化の必要性を以下のように述べている．

(41)　A serious study will attempt to determine what 'pure' states of the language faculty would be under ideal conditions, abstract-

ing from a host of distortions and interferences in the complex circumstances of ordinary life, thus hoping to identify the real nature of the language faculty and its manifestations. (*NH*: 78)
(本気で研究しようと思えば,理想的な状況下で言語機能の純粋な心的状態とはいかなるものであるかを決定しようと努めるであろう.その際,日常の生活に現れる複雑な状況下にある様々な言語活動内の歪みや干渉を捨象し,それによって,言語機能の本性とその現れを特定できることを望みながら,研究は行われるであろう.)

このような考え方は,自然現象を研究対象とする場合は,物理学において典型的に見られるように,ごくごく当たり前のことであり,特段議論になることもないであろう.ところが,こと言語研究に関しては,この複雑で多様な側面を持つ研究対象に対して,「理想化して考察する」とか「いくつかの側面を捨象して探求する」という研究手法が必ずしもすんなりと受け入れられるわけではない.とりわけ,言語の外在的アプローチを信奉する研究者にとっては,言語が,ある意味で,「社会に実在する有機体」みたいなものであり,その有機体のありのままの姿を特徴づけようとする.そのような見方を取る研究者にとって,チョムスキーの理想化によって言語機能の本性を明らかにしようとする研究手法は,有機体としての言語をややもすると歪めた形で考察するものであり,また,いたずらに矮小化して,ある特定の側面だけに焦点を当て,有機体全体がないがしろにされている印象を持ちがちである.

　Putnam (1992) では,「(外在的) 言語は存在するのか」に関して,「言語と意味は文化的実在物である」という信念の下,チョムスキーに対して以下のように反論する.

(42) They [=cultural studies] do not aim at the kind of theoretical constructs or the exact laws that 'naturalistic explanation', in

Chomsky's sense, involves. But they do teach us vital facts about the world we live in, and they can be *deep*, although with a different kind of depth than the kind Chomsky is talking about. (Putnam (1992: 385))
(文化研究は，チョムスキーが言う意味での「自然主義的説明」に関わる理論的構築物や正確な法則を狙いとするものではない．しかし，文化研究は，我々が住む世界についてきわめて重要な事実を我々に教えてくれる．そして，チョムスキーが述べている類の説明の深さとは別種ではあるが，そのような文化研究は「深い」ものでありうる．)

そして，以下のような「チョムスキーの見解」を「偏見」として退ける．

(43) either show that cultures can be defined essentialistically, or admit that we should forget about them and return to the serious business of computer modeling. (ibid.)
(文化が本質主義的に定義しうることを示すか，さもなければ，文化のことなど忘れて，コンピューターのモデル化という真面目な研究に戻るべきであることを認めよ．)

この反論に対して，二点指摘しておく必要がある．まず一つには，チョムスキーは，ここで言う「文化研究」の重要性を必ずしも否定するものではないと思われる点である．Chomsky (1986) では，理想化に基づいた生成文法の研究手法が「言語を社会的実在物として研究する立場に対して決して偏見を抱いているわけではない」ことを指摘した上で，次のように述べている．

(44) it is difficult to imagine how such studies might fruitfully progress without taking into account the real properties of mind that enter into the acquisition of language,

(Chomsky (1986: 18))
(このような研究が，言語獲得に関わる心の真の特性を考慮せずに，いかにして実りのある進歩を遂げられるのかを想像するのは難しい．)

すなわち，生成文法の自然主義的アプローチは，社会言語学に代表される言語を社会的実在物とする立場に対して，補完的な役割を担っていることを指摘する．それはちょうど，自然科学において，物理学が化学や生物学に対して，物質の本質的特性や力学的関係性などに関して知見を提供するのと同様の関係にあると考えられる．したがって，パットナムの「チョムスキーの見解を偏見である」と結論づけるのは，早計であると思われる．

もう一つ指摘しておかなければならないのは，パットナムが「言語と意味は文化的実在物である」と主張するときの，「実在」をいかに解釈するかに関してである．この主張は，一見すると反駁の余地が全くないほどに，明白な事実であるように思われる．しかしながら，上で議論した通り，「公的言語」や「公的意味」という概念が，言語研究にとって何か重要な役割を担っているかは疑問の余地がある．そうすると，一体この「文化的実在物」の正体は何であるのかを考えたときに，本当にそのような物が研究対象としてふさわしいものなのか疑問が湧いてくる．我々が日々言語活動を行っているのは紛れもない事実である．そして，イェスペルセンの言葉を借りれば，「ある個人の側では，自分の考えを相手に理解させるための活動であり，べつの個人の側では，相手が考えていることを理解するための活動である．」(『文法の原理（上）』安藤貞雄訳 27 ページ) これらの活動が可能なためには，個々人は同様の内在的言語や信念体系などの関連する認知能力を有し，外界に対するある程度の共通の知識を持っていることを必要とするであろう．上で述べてきた言語に対する内在的アプローチを持ってすれば，これらの活動を理解するには十分である．さて，「文化的実在物」というのは，これらの言語活動の結果できあがったものと見な

うるが，このような存在物を認めることで，内在的アプローチでは把握し得なかった何かを把握しうるようになるであろうか．この可能性に対して，チョムスキーは否定的である．

(45) these "cultural realities" do not contribute to understanding how language is acquired, understood, and used, how it is constituted and changes over time, how it is related to other faculties of mind and to human action generally. (*NH*: 157)
（これらの「文化的実在物」は，言語がいかにして獲得され，理解され，用いられるのか，また，言語がどのように構成され，時間の経過と共にどのように変化するのか，そして，それが他の心的機能といかに関係し，人間の活動全般にいかに関わっているのかといった問題を理解するのに何の貢献もしない．）

このように考えてくると，「文化的実在物」(cultural realities) というのは，結局のところ，「文化的人工物」(cultural artifacts) であり，「公的言語」とか「公的意味」というのは，「標準言語」とか「正用法」といった概念で彩られた人工物と特徴づけるのが最も的を射ているように思われる．

　チョムスキーの理想化による自然主義的言語研究手法に対しては，現在でも批判は止まない．生成文法理論の言語アプローチを批判する Evans (2014) の一般向け解説書 *The Language Myth* に対して，生成文法家から誤解に基づいたエバンズの議論に強い批判が巻き起こっているが (Adger (2015a, b) を参照のこと)，エバンズを擁護する立場から，Behme and Evans (2015) がその解説書の意義を以下のように述べている．

(46) Evans suggests that the narrow focus on syntax impedes progress in research on the complex phenomenon of human language, and urges that researchers ought to move beyond misleading computer analogies and modularity concepts. In

support of these arguments, *The Language Myth* presents research results from a wide variety of sources ... that ... cast severe doubts on the narrowly focused Chomskyan framework, and show the benefits of considering language as a complex trait that evolved over time, embedded in general cognition and human culture. (Behme and Evans (2015: 150))
(エバンズは，狭く統語論に焦点を当てるのは，人間言語の複雑な現象に対する研究の進歩を妨げるものであることを指摘し，研究者は誤解を与えるコンピューターからの類推やモジュラーな概念を乗り越えるよう促している．これらの議論を支持するために，*The Language Myth* では，いたずらに焦点を狭めるチョムスキー流の枠組みに深刻な疑念を抱かせ，言語を認知一般や人間文化の一部として，時間をかけて進化した複雑な特性を持つものと見なすことの有益性を示す様々なソースからの研究成果を紹介している．)

このようなチョムスキー流の言語研究手法に対する批判には，一体どのような意味があるのだろうか．このような批判は，現地調査などによって，ある生物種を事細かく観察し記録することにより，生物全体がいかに分類されるのかを詳らかにしようとしている分類生物学者が，生物を構成する細胞の化学的・物理的メカニズムを研究する科学者に向かって，「生物は複雑な特性を持つ存在物であるから，いたずらにその細胞のメカニズムの解明にのみ焦点を当てる研究は，生物学全体の研究の進歩の妨げになる」と主張しているようにしか聞こえない．複雑な現象や存在物を研究しようと思えば，緩やかな意味での「モジュラーな」アプローチは避けがたいと思われる．「〜現象に対する〜的アプローチ」といったタイトルは言語研究のプロジェクトでもよく使われる表現であると思われるが，その背後には，「言語のような複雑な特性を示す現象であれば，様々なアプローチを

試みることによって,その本質を明らかにできるだろう」という考えが暗に前提とされている.その際,そのアプローチにとっては非本質的と判断される諸現象や諸特性は脇に置くといった「理想化」はなくてはならないものである.チョムスキーは以下のように述べる.

(47) in rational inquiry we idealize to selected domains in such a way ... as to permit us to discover crucial features of the world. ... Data and observations, ... are of no particular interest in themselves, but only insofar as they constitute evidence that permits one to determine fundamental features of the real world ... (*NH*: 49)
(合理的な研究において,我々は世界の重要な特性を発見するのを可能にするように,理想化してある選択された領域に特化する.データや観察は,それ自体特別何の興味対象にならないが,実世界の根本的特性を決定するのを可能にする証拠を成す時に限って,興味の対象となりうる.)

チョムスキーが指摘する通り,理想化は,いかなる研究においても大なり小なり行われていることであり,さもなければ,ほとんど研究価値を持たない「何でも理論」(theory of everything)に陥ってしまうであろう.エバンズらが信奉するような「複雑な現象としての言語をそのあるがままに捉えようとする」考え方は,理論よりもデータへの強い偏重を示す傾向の現れと見なすことができると思われるが,その考え方こそ「神話」(myth)に過ぎないのではないであろうか.

7. 文法の自律性: サールによる批判

Behme and Evans (2015) が指摘する「狭く統語論に焦点を当てること」

(the narrow focus on syntax) に対する批判は，生成文法理論に向けられた典型的な批判の一つである．チョムスキーが提唱する生成文法理論のテーゼの中に「**統語論の自律性のテーゼ**」(**the thesis of autonomy of syntax**) というものがある．これは，統語論が扱う言語機能の形式的特性は，他の認知機能からは独立した原理やメカニズムによって導き出されるとするものであり，統語論は，前節でも指摘してきた「理想化」により，それらの原理やメカニズムを解明しようとするものである．Chomsky (1975) は，このテーゼを以下のように説明する．

(48) the language faculty constructs an abstract formal skeleton invested with meaning by interpretive rules, an integrated structure that fits in a definite manner into a system of language use. (Chomsky (1975: 55))
(言語機能は，解釈規則によって意味を付与される抽象的な形式的骨格を構築する．これは，言語使用のシステムに明確な形で適合するあるまとまった構造である．)

これに対して，Searle (1972) は，言語機能の構造とそれが言語使用において果たす役割とを切り離して，構造のみに焦点を当てて研究することに対して，異を唱える．

(49) The purpose of language is communication in much the same sense that the purpose of the heart is to pump blood. In both cases it is possible to study the structure independently of function but pointless and perverse to do so, since structure and function so obviously interact. (Searle (1972: III))
(言語の目的は，心臓の目的が血液を循環させることであるのとほぼ同じ意味において，コミュニケーションである．どちらの場合においても，構造を機能から独立して研究することは可能

であるが，そうすることは的外れであり，道理に適ってはいない．というのは，構造と機能には明らかに相互作用があるからである．)

この文法観に立脚した上で，サールはチョムスキーの生成文法理論を以下のように特徴づけている．

(50)   ... except for having such general purposes as the expression of human thoughts, language does no have any essential purpose, or if it does there is no interesting connection between its purpose and its structure. The syntactical structures of human languages are the products of innate features of the human mind, and they have no significant connection with communication, though, of course, people do use them for, among other purposes, communication. The essential thing about languages, their defining trait, is their structure.   (ibid.)
(人間の思考を表現するというような一般的な目的を別にすれば，言語は本質的な目的を持たないし，もし持っているとしても，その目的と構造の間には興味深い関係はない．人間言語の統語構造は，人間精神の生得的特性によって生み出されたものであり，コミュニケーションとは何ら重要な関係を保持しているわけではない．もちろん，人々はとりわけコミュニケーションのためにそれらの構造を用いてはいるのだが．言語について本質的なことというのは，その明確な特徴である構造にある．)

そして，サールは，言語とコミュニケーションの間の本質的な関係を考慮していないことが，チョムスキー理論の最大の欠点であると結論づける．

これに対して，Chomsky (1975) は，サールの主張の中のいくつかの論点を取り上げて反論する．まず，「言語の目的は，コミュニケーション

である」とするサールの立場は，擁護可能であろうか．サールは，この立場は言語に対する常識的な見方（common-sense picture）に合致すると主張するが，「常識」に基づいた議論がどれほどの効力を有するかは疑問である．これに対して，チョムスキーは彼が**「デカルト派言語学」**（**Cartesian Linguistics**）と呼ぶ伝統においては，この言語の常識的見方に対して異が唱えられ，言語使用の本質は，思考の自由な表現にあるとしていることを指摘する（第1章の1節および第5章を参照のこと）．

(51) human language, being free from control by identifiable external stimuli or internal physiological states, can serve as a general instrument of thought and self-expression rather than merely as a communicative device of report, request, or command.　　　　　　　　　　　　　　(Chomsky (1966/2009: 64))
（人間言語は，特定可能な外的刺激および内的な生理学的状態によって縛られることなく，単に報告するとか要求するとか命令するというようなコミュニケーションのための装置としてではなく，思考や自己表現のための一般的手段として機能しうる.）

生成文法理論は，正にこのデカルト派言語学の言語観に立脚して，コミュニケーションを二次的手段と見なしている．デカルトを始めとする様々な哲学者や言語学者がこの立場を擁護していることを勘案すれば，少なくとも「言語の目的はコミュニケーションであり，その二つの間には本質的な関係がある」とするサールの立場が確立された事実ではないことは明らかである．

より本質的な問いは，構造を機能から独立して研究することは「的外れであり，道理に適ってはいない」（pointless and perverse）かどうかである．この問いを考察する上で，心臓を研究する科学者の研究手法を比較検討することは有意義であろう．「心臓には血液を循環させる機能がある」という主張は誰もが認めるものであるが，問題は，心臓の構造やその発達

過程を研究する者が，その説明理論を構築する上で，どれほどその機能を考慮に入れるかという点にある．「心臓に弁が付いているのは，血液が逆流せずにある一定方向に流れるように調節するためである」という「機能的説明」は，常識的理解には役立つにしても，研究者が心臓の構造を理解する上では，あまりにも表面的で，「科学的説明」とは見なされないであろう．

　同様のことが言語の統語研究にも言える．生成文法理論では，長年の研究成果として，言語の生得性に根ざした普遍的特性が明らかにされてきている．その最たるものとして，チョムスキーがよく持ち出すのが，言語規則の「**構造依存性**」(**structure-dependence**) である．これは，例えば，英語で疑問文を形成する際，助動詞を前に移動するが (John is tall. vs. Is John tall?)，もし一文に複数の助動詞が存在する場合，この疑問文を形成するための助動詞の移動規則（この規則は「主語-助動詞倒置規則」(Subject-Aux Inversion) と呼ばれる．以下 SAI と略して表記する）は，線形順序ではなく階層構造に従って，移動されるべき助動詞を決定しているという事実に現れている．以下の (52) の平叙文から疑問文を形成する場合，(53a) が SAI が正しく適用した場合であり，(53b) は SAI を間違った形で適用した結果得られたものである．

(52)　　The man who is tall is in the room.
(53)　a.　Is the man who is tall in the room?
　　　b.　*Is the man who tall is in the room?

(52) の階層構造では，in the room の前の is が主節全体の主助動詞であり，tall の前の is が the man を修飾する関係節内の助動詞であることがわかる．この平叙文から SAI を適用して疑問文を作る際には，(53a) のように，主助動詞を文頭に移動する必要がある．したがって，SAI は文の階層構造に基づいて，規則を適用していることは明らかである．しかしながら，この階層構造に基づいた規則の適用の仕方には，論理的必然性は

ない．例えば，SAI を階層構造ではなく，「前から何番目もしくは後ろから何番目の助動詞を文頭に移動せよ」のように，線形順序に依拠した形で定式化することも可能である．しかし，このような定式化では，事実を正しく捉えられないことは明らかである．(53) の事実を正しく捉えるためには，「前から2番目もしくは最も後ろ側にある助動詞を文頭に移動せよ」というような SAI の定式化が求められるが，これでは，以下の事実を説明できない．

(54)　It is likely that John is sick.
(55) a.　Is it likely that John is sick?
　　 b. *Is it is likely that John sick?

(54) の平叙文から正しい疑問文を導き出すためには，今度は (55a) のように，一番前にある is を文頭に移動しなければならないが，線形順序に依拠した SAI の定式化では，この事実は (53) の事実と矛盾を引き起こしてしまう．これに対して，階層構造に依拠した SAI の定式化では，この場合も主助動詞の is を文頭に移動することで，正しく (55a) の疑問文を導き出すことができる．このように，SAI の定式化には「構造依存性」が見られるのであるが，なぜ言語にはこのような特性が備わっているのであろうか．この問いに対して，ネイティブスピーカーが子供の時に周りの大人から教わったからとか何らかの仕方で類推を働かせて学んだからというのは，ありそうもない話である．そうすると，最も自然な答えは，このような言語特性は，言語機能に生得的に備わった特性の一つであるとするものであろう．

　さて，話を本題に戻して，このような「構造依存性」という普遍的特性は，言語のコミュニケーションという働きを考慮に入れると，何かより深い説明を与えることができるであろうか．どちらかと言えば，言語を単にコミュニケーションのための手段と見なすのであれば，なぜ階層構造のような抽象的な概念に依存した規則が言語の特性として備わっているのか，

疑問を生じる結果に陥るように思われるのだが．チョムスキーも以下のように結論づける．

(56) To account for or somehow explain the structure of UG, or of particular grammars, on the basis of functional considerations is a pretty hopeless prospect, I would think; it is, perhaps, even "perverse" to assume otherwise.　　　(Chomsky (1975: 58))
（普遍文法の構造や個別文法の構造を，機能的考察に基づいて記述するもしくはそれらに対して何らかの説明を与えるというのは，かなり絶望的な見込みしかないと私には思われる．おそらく，そうとは考えないほうが「道理に適っていない」とさえ言えるであろう．）

ある生物器官の構造を理解する上で，その機能的考察が重要であることを示すのに，その器官がいかに進化してきたのかという問題を持ち出すのは自然なことである．実際，サールも以下のように主張する．

(57) We do not know how language evolved in human prehistory, but it is quite reasonable to suppose that the needs of communication influenced the structure.　　　(Searle (1972: III))
（我々は，言語が人間の有史以前にどのように進化したのかわからないが，コミュニケーションの必要性が言語の構造に影響を与えたと考えるのは，道理に適っているであろう．）

この主張は間違っているとは断定できないが，上のチョムスキーの結論を覆すことにはならないであろう．というのは，言語の進化についてよくわかっていない現状において，普遍文法や個別文法の構造に説明を与えるのに，このような考察を加えても，ほとんどプラスに働くとは思われないからである．さらに，このサールの主張は，ダーウィン流の自然選択に基づく進化のメカニズムが言語の構造にも影響を与えていることを暗に前提と

しているが，これに対して，Chomsky (1975) は疑問を投げかける．

(58) It would be a serious error to suppose that all properties, or the interesting properties of the structures that have evolved, can be "explained" in terms of natural selection.

(Chomsky (1975: 59))

（進化した構造のすべての特性もしくは興味深い特性が自然選択に基づいて「説明」できると考えるのは，重大な過ちであるだろう．）

言語進化については，第1章の5節で概説した生成文法理論の最新のミニマリスト・プログラムでは「強ミニマリストテーゼ」を提唱している．このテーゼに従えば，普遍文法の構造は，ダーウィン流の自然選択に基づく進化のメカニズムに影響されることなく，インターフェイス条件と単純性，経済性，対称性，非余剰性など概念上自然と考えられる条件および「第三の要因」によってその基本特性が決定される「完全なシステム」であると想定されている．Chomsky (1975) は，(57) に引用したサールの主張に対して，「同意する」(I agree) と述べているが，この強ミニマリストテーゼに従えば，「コミュニケーションの必要性が言語の構造に影響を与えた」とは考えないであろう．

以上をまとめると，言語機能の形式的特性が，他の認知機能からは独立した原理やメカニズムによって導き出されるとするチョムスキーの自律性のテーゼは，「言語の構造の研究においては，言語がコミュニケーションにおいてどのような働きをしているのかを考慮する必要がある」とするサールの反論によって，必ずしもその正当性が否定されるものではないことを示してきた．言語機能に内在する原理やメカニズムは，人々の言語使用を説明するための一構成物であり，その全体的説明には，他の認知機能との相互作用を考慮する必要がある．このようなモジュラー的アプローチでは，一つ一つの認知機能は，他の認知機能とは独立した原理やメカニズ

ムによって統制されてはいるが，言語使用のような複雑な現象を扱う際には，それらの認知機能の相互作用によって，その全体像を明らかにしようとする．「言語の構造とその働きには本質的な相互作用がある」とするサールの主張は，言語機能の自律性を担保しつつ，このようなモジュラー的アプローチによって捉え直すことは十分に可能であると思われる．

第 3 章

方法論的二元論： クワインの場合

　チョムスキーは，*NH* の第 3 章で，言語哲学の分野で大きな影響力を与えているクワインの言語研究に対する方法論を取り上げ，その問題点を詳細に議論している．クワインの哲学を特徴づける最も重要な概念は，プラグマティズムに基づいた**全体主義** (**holism**) であり，我々の認識は，"Revision can strike anywhere"（修正はいかなるものにも影響を与える可能性がある）という考えのもと，内に持つ信念体系と与えられた状況によって，いかようにも変化しうるものと考える．これは，カントが認めるアプリオリな認識スキームを否定する考え方である．この考え方に基づいて，クワインは，「**根元的翻訳パラダイム**」(**radical translation paradigm**) と称する言語研究の手法を提案している．このパラダイムにおいては，ある言語の文法を構築する（クワインは，この文法を構築することを「翻訳する」と呼ぶ）のに決定的な役割を果たすのが，「その言語のネイティブスピーカーによる言語行動を観察すること」であり，文法構築は，その言語行動を何らかの仕方で正確に捉えることが求められる．しかしながら，クワインは，全体主義の考え方に基づいて，ある与えられた言語行動を捉えうる文法は唯一つに決定されるとは限らず，また，複数考えられる文法

の中から，ある一つの文法が「真の文法」であると見なす基準は他に存在せず，そのような主張は意味を成さないと考える．これは，生成文法が取る言語に対する内在的・自然主義的アプローチと真っ向から衝突する．また，この「根元的翻訳パラダイム」は，言語研究者の手法に関するのみならず，子供の言語の獲得方法にも当てはまるとクワインは主張する．すなわち，言語獲得は，基本的には当該の言語行動を観察することによって，試行錯誤を繰り返しながら行われるとする**行動主義 (Behaviorism)** の立場をとる．これも生成文法の生得的立場と真っ向から対立する．チョムスキーは，このパラダイムが主張する言語研究の手法について，「言語観察」と単純な「類推」のみを文法構築の必須条件とし，それ以外のものをアプリオリに排除する手法を，根拠のないものとして退ける．また，言語獲得についても，同様に「言語観察」と単純な「類推」のみを使って言語を獲得するという主張は，事実に反するものとして退ける．したがって，チョムスキーにとって，このパラダイムは，何ら根拠のない単なる「ドグマ」としか映らない．以上の点を本章では詳らかにしていきたい．

1. 全体主義：分析的真理と綜合的真理の区別の否定

　Quine (1953) は「分析的真理，すなわち，事実問題とは独立に意味に基づく真理と，綜合的真理，すわなち，事実に基づく真理」(『論理的観点から』飯田隆訳 31 ページ) との区別はドグマに過ぎず，根拠がないと論じている．クワインは，分析的真理を表すと考えられる命題として，以下のような文を考察している．

　(1)　A bachelor is an unmarried man.
　　　（独身男は結婚していない男である）

この命題は「独身男」と「結婚していない男」が同義であれば，事実問題

とは独立に，その文の意味にのみ基づいて真であると決定できる分析的真理を表す命題と見なしうるが，問題は，「独身男」と「結婚していない男」が同義であることをどうやって保証できるかということである．クワインは，「定義」や「真理値を変えることなき交換可能性」に基づいて「同義性」を捉える可能性を考察し，どれも満足のいく答えを得られないことから，結局「分析性」という概念を明白に定義づける仕方は存在しないと結論づける．そして，分析的言明と綜合的言明の区別が「そもそも立てられるべきであるというのは，経験主義者の非経験的ドグマであり，形而上学的信条」(『論理的観点から』飯田隆訳55ページ) に過ぎないとして，これを退ける．

　クワインは，また，もう一つの経験主義のドグマして，「有意味な言明はどれも，直接的経験についての (真あるいは偽である) 言明に翻訳可能である」(『論理的観点から』飯田隆訳57ページ) とする根元的還元主義 (radical reductionism) をも退け，分析的言明と綜合的言明の区別の否定と共に，個々の言明が直接経験に関わっているのではなく，言明全体が経験に関わっているのであり，ある言明が「分析的」に見えるのは，その言明が全体の中で占める役割が単に経験によって影響を受けにくいためという単なる程度問題に過ぎないと考える．クワインはこの全体主義的認識論を以下のように表現している．

(2) The totality of our so-called knowledge or beliefs, ... is a man-made fabric which impinges on experience only along the edges. (Quine (1953: 42))
(我々のいわゆる知識や信念の総体は，その縁に沿ってのみ経験に突き当たる人工の組織体である．)

そして，周縁部で経験と衝突が起こった場合には，この知識および信念総体の内部において言明の再評価がなされなければならないが，この再評価のされた方は一様とは限らない．

(3) the total field is so underdetermined by its boundary conditions, experience, that there is much latitude of choice as to what statements to reevaluate in the light of any single contrary experience. (ibid.: 42-43)

((知識や信念が占める) 場全体は，その境界条件，すなわち経験によって十分に決定されるわけではないので，ある矛盾する経験に照らして，どの言明を再評価すべきかについては広い選択の余地がある．)

この全体主義的認識論では，カントが認めるアプリオリに決定された認識スキームのようなものは想定されておらず，原則的には "Revision can strike anywhere"（修正はいかなるものにも影響を与える可能性がある）と考える．そして，広い選択の幅がある再評価が実際にどのように行われるかは，単に「曖昧ながらプラグマティクなわれわれの性向」(『論理的観点から』飯田隆訳 68 ページ）にかかっていると論じている．

Rorty (1986) は，クワインが分析的言明と綜合的言明の区別を否定したことについて，ディビッドソンが「そのことによって言語哲学が真面目な学問として救われた」とする主張に賛同し，この区別を否定する根拠として最も強力な議論は，「この区別が実地研究を行う言語学者にとっては何の役にも立たないこと」と指摘している．チョムスキーは，この主張に真っ向から反対する．例えば，動詞 kill は「ある誰か X がある誰か Y を殺す」という意味であり，その結果必然的に「Y は死ぬ」ことを含意する．したがって，以下の二文のうち，(4a) は，(4b) とは異なり，「事実問題とは独立に単に文の意味に基づいて真理と見なしうる」分析的言明と考えられる．

(4) a. If John killed Bill, then Bill is dead.
　　 b. If John killed Bill, then John is dead.

また，以下の二文を考察した場合，

(5) a. Mary expects to find herself.
    b. I wonder who Mary expects to find herself.

「(5a) では再帰代名詞 herself は Mary を指し示すが，この文を I wonder who ... に埋め込んだ (5b) では，herself は Mary を指し示すことはできない」という意味的特性は，「事実問題とは独立に単に文の意味に基づいた分析的真理」と見なしうる．このような例は，枚挙にいとまがなく，カントのアプリオリな認識スキームの存在を窺わせる．チョムスキーは，分析的真理と綜合的真理の区別を否定するクワインの全体主義的認識論は，実際に言語研究に携わっている学者の研究成果に裏打ちされたものではなく，「哲学者」としての立場から，言語研究のあるべきすがたを単に提示しているに過ぎないと主張する．それにもかかわらず，クワインのこの立場が言語哲学という分野に与えたインパクトは計り知れず，経験科学に基づいた自然主義的アプローチを取る者にとっては，理解しがたい現象と言える．

2. 根元的翻訳パラダイム

さて，Quine (1960) は，前節で述べた全体主義の考え方に基づいて，言語研究がいかに行われるのかを議論している．その際，その本質を明らかにするために，**根元的翻訳（radical translation）**，すなわち，言語学者には全く知られていないある部族の言語を一からどのようにその手引きを作成できるのかを考察している．この場合，「手引き」とは辞書および文法書のようなもので，クワインは，この手引きは研究対象の言語から言語学者自身の言語への翻訳と考えている．手引きを作成するためには，当然のことながら，当該の言語のネイティブスピーカーの言語行動を観察す

ることが最も重要な作業となる．とりわけ，ネイティブがどのような状況でどのような発話を行ったかを観察し，そこからある発話の意味を推測していく．もし，ジャングルの中で突然うさぎが飛び出して来たときに，ネイティブが「ガバガイ」と叫んだとすれば，この言語表現はうさぎを意味すると推測できるであろう．このような観察の他にクワインが必要と考えているのは，言語学者が実際に現地語の表現を発して，ネイティブに同意・不同意の意思表示を行ってもらうことである．これは，「うさぎ」と「動物」のように，指示対象を共有しうる言語表現が，ある刺激状況に対するネイティブの自発的な言語反応だけでは，その指示対象を正しく捉えられないとクワインが考えるためである．

　クワインがこのような手引きの作成を「翻訳」と呼んでいるのは，その目的が，「単語や構造を翻訳することにではなく，首尾一貫した文章を翻訳することにあり，個々の語や構造はこの目的への手段としてのみ注目されるにすぎないからである．」(『ことばと対象』大出晁・宮舘恵訳109ページ)すなわち，この手引きで捉えようとしているのは，当該の言語のある基準で定められた適格な文に対して的確な意味を付与することにあり，その際，単語や構造はその目的に適う限り有用と見なされるが，それ自体何の実在性も持たない．したがって，この手引きが目指す文法は，単に適格な文の集合を定める**弱生成能力**（**weak generative capacity**）を持つことしか期待されず，生成文法理論で重要な役割を果たす構造の付与をも担いうる**強生成能力**（**strong generative capacity**）は問題とはされていない．

　また，手引きの作成作業においては，上述の刺激状況に対するネイティブの自発的な言語反応や言語学者の問いかけに対する同意・不同意の反応を基本として作成されていくが，これらの言語反応によって対応する意味を決定できるような文をクワインは「**観察文**」（**observation sentence**）と呼んでいる．しかしながら，文にはこのようにネイティブの言語反応を見てその意味を決定できないような非観察文が多数存在する．そのような文の意味を決定するには，観察文やその他の何らかの仕方でその意味が確

定された文を，語や構造の概念を用いて分析することによって類推を働かせる必要があるとクワインは考える．これを，クワインは「**分析仮説**」(**analytical hypothesis**) と呼んでいる．分析仮説の立て方には，当然のことながら，分析者（＝翻訳者）の物の見方が関わってくることになる．したがって，「分析仮説の方法は，母国語の推進力を利用して自己を未開地言語の中へ飛ばす方法」(『ことばと対象』大出晁・宮舘恵訳 110 ページ）とクワインは考える．このように，分析仮説に基づいて完成された手引きには多分に主観的な部分が含まれていることから，同じデータに基づいて手引きの作成を試みる複数の言語学者が同じ手引きを作成するとは期待できないであろう．このことから，クワインは，翻訳の基本的特性として，以下のテーゼを掲げる．

(6) ある言語を別の言語に翻訳するための手引きには，種々の異なる手引きが可能であり，いずれの手引きも言語性向全体とは両立しうるものの，それら手引きどうしは互いに両立しえないということがありうる．

(クワイン『ことばと対象』大出晁・宮舘恵訳 42 ページ）

クワインはこれを「**翻訳の不確定性原理**」(**principle of indeterminacy of translation**) と名づけている．

Quine (1987) は，この不確定性原理が，通常の科学に見られるような不確定性，すなわち，ある与えられたデータに対して考えられうる説明理論は常にただ一つとは限らないという事実と本質的に異なるのかどうかという問いに対して，以下のように答えている．

(7) The indeterminacy of translation differs from the underdetermination of science in that there is only the natives' verbal behavior for the manuals of translation to be right or wrong about.   (Quine (1987: 9))

（不確定性原理は，翻訳の手引きが正しいか間違っているか判断できるのがネイティブの言語行動のみである点において，科学の不確定性とは異なっている．）

ここにはっきりと，クワインの言語研究に対するスタンスが，チョムスキーの自然主義的アプローチと相入れないことを読み取ることができる．すなわち，科学の場合であれば，ある提案された理論が正しいのか間違っているのかを，ある与えられた事実によって決定することは不可能であるが，それでも，その理論は現実世界の本性を明らかにしようとすることから，その真偽が常に問われることになる．これに対して，言語研究の場合は，事情が異なってくる．

(8) If translators disagree on the translation of a Jungle sentence but no behavior on the part of the Jungle people could bear on the disagreement, then there is simply no fact of the matter.

(Quine (1987: 10))

（もし翻訳者たちがあるジャングルで話されている文の翻訳について同意できない場合でも，ジャングルの人々の側にこの不同意を裏づけることのできる言語行動が存在しないとしたならば，その問題について語られるべき事実は存在しない．）

このことは，もっと一般的に言えば，クワインにとって翻訳の手引きは，自然科学で問題となる実在性または真理性とは無縁であり，単に「当該のネイティブの言語行動をいかに正しく記述するか」の問題でしかない．

これに対して，チョムスキーの自然主義的・内在的アプローチでは，当該のネイティブは言語能力を司ることに特化した言語機能を有し，その初期状態はすべてのヒトという種の個体によって共有されているが，与えられた言語環境の違いにより，我々とは異なった具現形（生成文法の現在の枠組みで言えば，異なったパラメターの値を取ることによる）を有すると

第3章　方法論的二元論：クワインの場合　　　　　　　　101

仮定される．この際，当該のネイティブが実際どのような言語機能を有しているのか，また，この具現形は初期状態からどのような経験を経て獲得されたのかが，このアプローチの中心的問いを成すものであるが，これらの問いは，実在性や真理性が関わる純然たる科学的問いである．また，クワインのパラダイムでは，ネイティブの言語行動のみが「証拠」として採用されることになるが，チョムスキーの枠組みでは，他の科学研究の場合と同様，理論を支持すると考えられるものであれば何であれ，その証拠と見なされる．Chomsky (1986) は，生成文法の科学的手法を以下のように要約している．

(9)　we are trying to discover the truth about the language faculty, opportunistically using any kind of evidence that we can find, and relying on the vague principles used throughout rational inquiry to find more elegant, deeper, and more empirically adequate theories.　　　　　　　　　　　　(Chomsky (1986: 250))
（我々は，発見しうる証拠なら何でも意のままに用い，よりエレガントで深い理論そしてより経験的に妥当な理論を見つけ出すために，あらゆる合理的研究において用いられている大雑把な原理に従いながら，言語機能についての真理を発見しようと努めている．）

とりわけ，生成文法理論の研究手法として特徴的な観点は，言語機能の初期状態がすべてのヒトによって共有されていることから，ある言語のネイティブの言語機能を明らかにしようとする場合でも，常に別の言語のネイティブから得られるデータが証拠もしくは反証を成すものとして用いられる可能性があるということである．例えば，英語のネイティブの言語機能を明らかにしようとする者が，ある言語特性に対してある理論的提案を行った場合，その提案が，例えば，日本語の対応する特性に対しても説明可能であれば，その関連する日本語のデータは提案された理論を支持する

証拠と見なされるであろうし，逆に，日本語の対応する特性をうまく扱えなかった場合には，再考を迫られることになる．別の言い方をすれば，当該の言語のある特性に対してある理論的提案を行う際には，なぜそのような特性をネイティブは獲得するに至ったのかという普遍文法の観点からの考察が常に要求されているということである．この一段高い目標を目指して研究に携わることの醍醐味は，生成文法の枠組みで言語研究に携わったことのある者なら誰でも実感するところである．

さて，チョムスキーは，クワインの「翻訳の不確定原理」に対して，(7) や (8) に引用されたクワインの主張とは異なり，一般に経験科学で言われる「証拠によって理論はただ一つに決定できるわけではない」という不確定性 (underdetermination) の問題以上のことが関わっているとは思われないと主張する．したがって，言語研究を他の経験科学と同様の手法で行うことは可能であり，またその際，問題とされる事実は確かに存在し，その解明に努めることは可能であると主張する．これに対して，Quine (1969a) は「翻訳の不確定原理」の効用を，意味，観念，命題といった概念に対する主流の考え方に変化をもたらすことであると説明する．クワインは，現在主流となっている意味研究に対して，以下のような懸念を表明している．

(10) A conviction persists, often unacknowledged, that our sentences express ideas, and express these ideas rather than those, even when behavioral criteria can never say which.

(Quine (1969a: 304))

(我々の文は観念を表明し，あれらの観念ではなくこれらの観念を表明するという信念が，行動基準が決してどちらの観念を表明していると言わないときでさえも，しばしば認知されることなく，広まっている．)

すなわち，ある何らかの「行動基準」(behavioral criteria) に則ることな

しに，ある文がかくかくしかじかの意味を表すと主張することに，警鐘を鳴らしていると言える．これに対して，Chomsky (1975) は，この「行動基準」をいかに解釈するかによって，「クワインの懸念」の解釈が変わってくることを指摘している．もし，この行動基準を「観察に基づいて述べられた必要十分条件」(necessary and sufficient conditions couched in terms of observation) と解釈するのであれば，クワインの要求は不合理であると，チョムスキーは主張する．

(11) Quine's proposal, …, is unreasonable, in that theoretical concepts and propositions employing them can rarely be provided with "criteria" in this sense, and there is no justification for imposing such a requirement on this branch of empirical inquiry alone.　　　　　　　　　　　　　(Chomsky (1975: 185))
（クワインの提案は，理論的概念やそれらの概念を用いた命題がこの意味での「基準」に沿って与えられうることは滅多になく，また，このような要求をこの経験科学の分野（すなわち言語学）のみに課す正当性もないことから，不合理である．）

このような「行動基準」を言語研究に課す考え方は，経験主義の流れを汲む論理実証主義 (logical positivism) の科学的方法論に通じると思われるが，ここで肝要なのは，クワインがこのような基準を言語研究にのみ課していることである．このような基準を立てることは，言語研究の発展にとって阻害因子となることは想像に難くなく，逆に発展を促進するとは想像しがたい．さて，チョムスキーが主張するもう一つの「行動基準」の解釈は，それを単に「関連する証拠」と見なすものである．もし「行動基準」をこのように解釈すれば，チョムスキーが主張する通り，科学者であれば誰もクワインの警告に異議を唱えるものはないであろう．というのは，この解釈のもとでは，結局，「証拠によって理論はただ一つに決定できるわけではない」という不確定性 (underdetermination) の問題に行き着くか

らである．したがって，(10) に述べられたクワインの懸念は，合理的に解釈すれば，単に不確定性の問題を指摘したに止まり，言語研究の方法論の問題として特段取り上げられるようなものではないと思われる．

3. 「意識化できない規則に従う」とは？

上で何度も繰り返し述べてきたように，生成文法理論が目指すところは，ヒトの言語行動を直接説明しようとするのではなく，その背後にあってその行動に規則性を与える「言語知識」を解明するものである．この生成文法理論の立場からすると，前章の3節で議論した「規則に従う」という問題については，「言語知識」が規則の体系から構成されているという仮定の下，ヒトは規則に従っていることになるが，重要な点は，本人はどのような規則に従っているか意識化することはできず，「言語知識」を解明する言語学者のみが理論という形でその規則を詳らかにできるというところにある．これに対して，Quine (1970) が異を唱える．クワインは，人の言語行動が規則に従うという場合，単に言語行動が「**規則に合っている**」(**fitting**) という場合と「**規則に導かれている**」(**guiding**) という場合の二つを区別する．

(12) Fitting is a matter of true description; guiding is a matter of cause and effect. Behavior *fits* a rule whenever it conforms to it; whenever the rule truly describes the behavior. But the behavior is not *guided* by the rule unless the behaver knows the rule and can state it.　　　　　　　　　　(Quine (1970: 386))
((規則に) 合っているというのは，正しく記述しているかどうかの問題であり，(規則に) 導かれているというのは，原因と結果の関係の問題である．行動はある規則に合致する時であればい

つでも，すなわち，その規則がその行動を正しく記述している時であればいつでも，その規則に「合っている」．しかし，その行動がその規則によって「導かれる」のは，行動者がその規則を知っていて，それを述べることができる時に限られる．）

これに対して，チョムスキーの生成文法理論では，このどちらの場合にも当てはまらない規則の従い方，すなわち原因と結果の関係にあるという点では「導かれる」と同様であるが，それが「無意識的に導かれている」と仮定する点で，不可解である（enigmatic）とクワインは主張する．上でも述べたように，クワインにとって，文法の役割とは，当該の言語の適格な文の集合を正しく記述することであり，その弱生成能力のみが問題とされる．したがって，二つの外延が等しい文法システム（extensionally equivalent grammatical system），すなわち弱生成能力において等しい文法システムを比較した場合，どちらが正しいと見なすことは基本的にはできない．これに対して，生成文法理論においては，言語機能の強生成能力こそが，人々の言語行動に規則性をもたらすと考えていることから，仮に弱生成能力において等しい文法システム（生成文法の言葉では，この場合，文法は内在的言語を捉える理論と位置づけられる）であっても，付与される構造や変形規則による派生の違い，すなわち強生成能力の違いによって，どちらの文法システムが正しいか判断可能と考える．クワインにとっては，しかしながら，構造や変形規則は，適格な文を正しく記述するための手段にしか過ぎず，何ら実在性を持たない．したがって，クワインが生成文法理論について問題視するのは，以下の点である．

(13) It [＝Chomsky's doctrine] imputes to the natives an unconscious preference for one system of rules over another, equally unconscious, which is extensionally equivalent to it. (ibid.: 387)
（それは，ネイティブに，ある規則体系をそれと外延が等しい別の規則体系より無意識に好ましいとして帰属させる．）

二つの外延が等しい規則体系のどちらが好ましいのかを決定するには，当然のことながら，それを支持する証拠が必要となる．しかしながら，クワインにとって「証拠」と見なされうるものは，非常に限られている．

(14) If it is to make any sense to say that a native was implicitly guided by one system of rules and not by another extensionally equivalent system, this sense must link up somehow with the native's dispositions to behave in observable ways in observable circumstances. (ibid.: 388)
(もしネイティブがある規則体系に暗に導かれていて，別の外延の等しい体系には導かれていないと言うことが意味を成すとすれば，この意味は，観察可能な状況下で観察可能な仕方でネイティブが行動する性向に何らかの仕方で結びつけられていなければならない．)

ここで意図されている「観察可能な証拠」とは，根元的翻訳パラダイムの中で想定されている刺激状況とそれに対応するネイティブの自発的言語反応および言語学者からの問いかけに対する同意・不同意の反応のことを指していると考えられるが，そのように証拠を限定している限り，二つの外延が等しい規則体系のどちらが好ましいのかを決定するのは不可能だろうし，実際クワインもそのように見なしている．そして，クワインは生成文法理論に対して，二つの外延が等しい規則体系のどちらが好ましいのかを決定する明確な基準または方法とは何かを明らかにするよう要求している．

具体的な例として，クワインは，二つの外延が等しい規則体系の一方が，ある文の直接構成要素を AB-C と分解し，別の規則体系が AB-C と分解したと想定し，どちらの規則体系が正しいのかをいったいどのようにして見分けるのかを問いかけている．クワインは，「ネイティブに尋ねる」という選択肢を考察しているが，これは論外である．というのは，今想定

されている規則体系は，ヒトには意識化できないものと仮定されているからである．この問いかけに対する Chomsky (1975) の答えは明快である．そのような構成素分析の正当性を決定づける証拠は，実際生成文法の中で様々提案されていて，チョムスキーは，文のイントネーションパターンや等位構造による統語テストなどを例に挙げている．例えば，John contemplated the problem. という文は，生成文法では，John という名詞句と contemplated the problem という動詞句の二つに分解するのが習わしになっていて，John contemplated という句と名詞句の problem に分解したりはしない．この分析法は，John の後にポーズを置き，contemplated the problem を一つのイントネーションのまとまりとして発話することは，ごく自然であるが，John contemplated の後ろでポーズを置く発話の仕方は，ネイティブには非常に奇妙に聞こえることから，支持される．また，and などによる等位接続（coordination）に関しては，等位接続されるものが構成素を成し，通常同じ範疇を持つものでなければならないという統語的特性を持っている．したがって，例えば，The man and the woman like the boy. (NP and NP) とは言えるが，*The man likes and woman hates the boy. (*N V and N V) とは言えない．この統語的特性を念頭に，次の文を比較すると，

(15) a. My friend liked the play and enjoyed the book.
　　 b. *My friend enjoyed and my family liked the book.

(Chomsky (1955/1975: 225-226))

(15a) では，V と目的語 NP が等位接続されていることから，この二つの要素が VP という一つの構成素を成すことを示唆している．それに対して，(15b) では主語 NP と V が等位接続されているが，この文が非文法的な文であることから，主語 NP と V は構成素を成さないことを示唆している．よって，この等位接続に関する統語テストによっても，文が大きく NP と VP に分解されるという分析が支持される．このように，弱

生成能力の観点から外延が等しいとされる規則体系であっても，その強生成能力に目を向ければ，どちらの規則体系が正しいのかを決定づける証拠に，事欠くようなことはないであろう．そうすると，「ある理論の正当性は，いくら証拠を積み重ねても絶対的に決まるものではなく，他の理論との比較などによって相対的に決定される」という科学一般に当てはまる不確定性は別にして，生成文法理論が，ある規則体系をヒトが内在的に持っていると主張することに，特段問題があるとは思われない．

それでは，クワインはなぜ生成文法理論が想定する「無意識的に規則に導かれる」という考えを不可解である (enigmatic) として拒絶するのであろうか．ここで問題とされていることは，明らかに経験的 (empirical) 問題，すなわち経験的事実と合致するのかどうかという問題とは無関係である．また，これまで議論してきた通り，チョムスキーの生成文法理論は，言語に対して内在的・自然主義的アプローチを採用している．すなわち，ヒトの脳内部に備わっていると仮定された言語機能（もしくは内在的言語）を研究対象として，それを自然科学の手法に則って解明するというものである．クワインは，これに対して，根元的翻訳パラダイムを提唱し，もっぱらネイティブの観察可能な言語行動を主要なデータとして取り扱い，その言語能力がいかなるものかは基本的には考慮外である．このことから，クワインは研究対象を外在的言語としていることは明らかである．また，根元的翻訳パラダイムに則って作成された手引きは，上でも触れたように，自然科学で通常想定される実在性を持ってはおらず，どちらかと言えば外在的言語のほうに実在性が認められる．また，後に5節で述べるとおり，クワインは，言語獲得について，経験・行動主義の立場を取っている点でも，生成文法理論とは異なる．しかしながら，このような立場の違いを踏まえた上でも，なおクワインがなぜ「無意識的に規則に導かれる」という考えを拒絶するのか疑問のまま残る．

唯一考えられる理由は，デカルトの精神と身体を二つの別々の実体として区別する二元論を，方法論として暗に仮定しているということである．

現代の言語哲学者は，概して，精神と身体の関係を Ryle (1949) が言う「機械の中の幽霊」(the ghost in the machine) として理解する傾向にある．すなわち，精神は物理的法則に支配された自然界から取り残された不可解な実体として理解され，その働きは，物理的説明によって捉え直されるか，もしくは，その働きを反映する行動の習性として捉え直されるべきものと考える（これについての詳細は，第4章を参照のこと）．この考え方に基づけば，「心的実在性」のようなものは存在せず，したがって，生成文法が想定する物理的基盤から抽象化された言語機能のような存在を否定することになる．その結果，そのような抽象的なレベルで仮定された規則に人が従っているという主張は，受け入れられないことになるであろう．しかしながら，精神と身体の関係を「機械の中の幽霊」と理解することは，暗にこの二つの実体を何らかの仕方で区別していることになると思われるが，次章で詳しく考察する通り，デカルトの二元論は，ニュートンがデカルトの「接触力学」(contact mechanics) を反駁することによって，精神とは独立した「身体」を規定する概念が崩れ，その基盤を失うことになる．それ以来，二元論は消滅し，精神と身体は実体としては区別されるような概念ではなくなったはずである．チョムスキーにとって，精神を研究するとは，頭の中で起こっている様々な認知機能を，その物理的基盤から抽象化されたレベルで研究することを意味するに過ぎない．そのような抽象化は自然科学の研究では，第1章でも考察した通り，ごく当たり前のことであり，特段非難されるようなものとは考えられない．したがって，クワインが「無意識的に規則に導かれる」という考えを拒絶する背景には，ライルの「機械の中の幽霊」に基づいた精神と身体の区別が潜んでいるように思われるが，それには何の根拠も見出せないであろう．

　Chomsky (1975) では，「無意識の知識」を一般的な意味での知識と区別するために，「認知する」"cognize" という言葉をそれに当てる可能性に言及している．その中で，チョムスキーは，この「認知されたもの」と一般的な意味での知識の関係を以下のように述べている．

(16) what is "known" will be a rather ill-defined and, perhaps, a scattered and chaotic subpart of the coherent and important systems and structures that are cognized. (Chomsky (1975: 165))
(「知っていること」とは,ヒトが認知する整合性のある重要なシステムと構造のかなり不明確な,そしておそらくまばらで混沌とした部分を成しているであろう.)

この認識に立てば,我々は人間の「言語知識」を解明するのに,Quine (1970) の意味での "guide" される知識または単に "fit" する知識というのではなく,科学的に実在するものとして cognize される「無意識の知識」を詳らかにすることが重要である.そして,そのような知識が意識化可能かどうかというのは,二次的な問題に過ぎないと考えられる.

4. 言語学的証拠と心理学的証拠

上述のように,クワインの根元的翻訳パラダイムの下では,「翻訳の不確定性原理」により,ある一連の言語データに対して与えられうる文法は必ずしもただ一つに決まるわけではなく,このデータを正しく記述する文法が複数あった場合,それらを区別しうる手がかりが他の観察しうるデータの中に存在しなければ,ある文法が他の文法より実在性があると主張するのはナンセンスであると考える.この際,文法を構築するのに採用しうる証拠は,当該の言語のネイティブスピーカーの観察しうる言語行動に限られる.したがって,例えば,前節で考察した文の構成素分析において,等位構造による統語テストなどは証拠とは見なされないであろうし,はたまた,生成文法の研究手法であれば,普遍文法の観点から,当該の研究対象となっている言語とは別の言語から関係する証拠を持ち出してくることは,ごく自然に行われるが,そのようなデータもクワインにとっては,当

該の言語に対する証拠とは見なされないであろう．

このように，クワインは言語学者が採用すべき証拠を厳しく制限しているにもかかわらず，「文法と心理学」の関係を議論している箇所で（Quine (1986)），クワインは，複数の外延が等しい文法システムの中からでも，ある文法がネイティブスピーカーに内在するものと見なしうる「**心理学的証拠**」が存在すると主張する．例えば，それらの文法システムの中で，子供の言語獲得の発達過程を反映するような規則体系を持つシステムがあれば，その対応関係を証拠として，そのようなシステムがネイティブスピーカーに内在するものと見なしうると主張している．

(17) One set of grammatical rules certainly has an important claim to distinction, over other extensionally equivalent sets, if its several rules correspond to temporally successive increments in the native's actual learning of language. (Quine (1986: 186))
（もしある一連の文法規則のうちのいくつかの規則が，ネイティブの実際の言語習得において，時系列に沿った規則の順次獲得に対応するものであれば，この一連の文法規則が，他の外延が等しい文法規則に対して，重要な区別が存在すると主張しうるのは，確かである.）

また，クワインは，Bever のクリックによる実験を「人に内在する規則について何かを見つけ出す見事な方法」(an ingenious way of finding out something about one's tacit rules) と賞賛している．この実験とは，被験者に英語の文を聞かせるのだが，その際，それぞれの文が発せられている途中のある適当な場所でクリック音を鳴らし，被験者にそのクリック音がどの場所で聞こえたのかを尋ねるものである．そうすると，被験者はほぼ一様に，クリック音が，実際にはそれとはずれた場所で鳴らされたにもかかわらず，文の構造分析からすれば，ちょうど句の境界に相当するところで鳴ったと答えるという結果が得られる．この結果について，クワインは

以下のように主張する．

(18) Bever's click experiment is looked upon as confirming the linguist's explicit codification of grammar, by showing that the subject's tacit segmentations agree with that codification.

(Quine (1986: 186))

(ベバーのクリック実験は，被験者に内在する分節化の仕方が言語学者の明確にされた文法の定式化と合致していることを示すことによって，この文法の定式化を確証するものと見なされる．)

チョムスキーが述べているように，これらの主張が正当化されるためには，「言語学的証拠」と「心理学的証拠」といったふるい分けが必要とされる．しかしながら，証拠に対して垣根を設けない科学的方法論の観点からすると，このような証拠のふるい分けは，正当化されうるものではない．チョムスキーは以下のように主張している．

(19) Evidence does not come labeled "for confirming theories" ("psychological evidence") or "for purposes of 'simplicity and general translatability'" ("linguistic evidence"). (*NH*: 55)

(証拠には「理論を確証するため」(「心理学的証拠」) とか「単純性や一般的な翻訳可能性のため」(「言語学的証拠」) といったラベルが振られているわけではない．)

ネイティブスピーカーに内在する文法システムを科学的に解明しようとするのであれば，「心理学的証拠」であれ「言語学的証拠」であれ，何の垣根を設けることなく，その解明に資するものであれば何でも，原理的には証拠として採用されるべきものである．他方，証拠は，多少主観的ではあるものの，「強弱」の物差しで言い表されることがある．例えば，「この証拠は当該の理論を強く支持するが，あの証拠は弱く，間接的にしか理論を支持していない」などのように．生成文法理論の枠組みの中で言語研究に携

わる者であれば，ネイティブスピーカーに内在する文法システムを明らかにする理論を支持する証拠として，クワインがふるい分けする「心理学的証拠」と「言語学的証拠」とでは，これまでどちらの種類の証拠がより強い証拠と見なされてきたか問われれば，「言語学的証拠」と異口同音に答えるであろう．というのは，等位構造などを用いた統語テストから得られる証拠や，様々な言語からもたらされる証拠は，言わば理論構築のための「基本データ」（生成文法理論であれば，ネイティブスピーカーの内省によって得られたデータ）に属しているのに対して，ベバーのクリックによる実験データなどは，断片的にしか収集されておらず，その信憑性が確立されてはいないためである．これは，ある意味で，クワインとは逆の見解である．しかしながら，データの信憑性は，理論の変遷に伴って変わりうるもので，現在では，ネイティブスピーカーの内省によって得られたデータが生成文法理論の基本データを成しているものの，将来は，ベバーのクリックによる実験データに近いものが基本データを構成するようになっても何ら不思議はない．このような考察からも，クワインの「言語学的証拠」と「心理学的証拠」といったふるい分けが意味を成さないものであることが，理解されるであろう．

　この文脈において，Sapir (1949) が「音素」(phoneme) について主張した**「心理学的実在性」(psychological reality)** の意味を考察することは重要である．音素は，物理的実在物である「音」(sound) または「音声要素」(phonetic element) とは別個の概念で，ある言語の音声パターンを単純で綺麗な仕方で説明するのに有用な概念である．例えば，write と ride の最後の音は [t] と [d] で異なっているが，これらの語に -er の接尾辞を付加してできあがる writer と rider の真ん中の子音は，とりわけアメリカ英語では，writer の [t] が弾音化 (flapping) されることにより，rider の [d] とは音声上ほとんど区別がなくなる．この音声パターンを捉えるのに，writer は /rait＋er/ という音素連鎖を持ち，その実際に発音される音連鎖は，弾音化規則 (/t/ は母音に挟まれ，前の母音に強勢がある

場合，弾音化せよ）によって，音素 /t/ がその弾音化された音声要素に変化することによって導き出されると説明することができる．サピアがこの論文を著した当時隆盛を誇っていた構造主義言語学においては，このような「音素」や「音韻規則」は，単に当該の言語を綺麗に記述するための便宜上の「道具」のようなものでしかなかった．これに対して，サピアは，ネイティブスピーカーが実際に言語音として知覚しているのは，音声要素ではなく，音素であることを指摘し，この概念には心理学的実在性があると主張した．この主張自体には何ら瑕疵はないが，一つ問われなければならないのは，音素や音韻規則を用いた音声パターンの説明は，このネイティブスピーカーの知覚と一致するという「心理学的証拠」がなければ，心理学的実在性があるとは言えないのかということである．生成文法理論の枠組みにおいては，音素や音韻規則は，言語機能の音韻部門の理論構成物として措定され，その意味で，他の自然科学の理論構成物と同じ意味で実在性を有している．したがって，仮に措定された音素がネイティブスピーカーの知覚と符合しなくても，直ちにその実在性を失うことにはならない．サピアが主張する「心理学的実在性」が，もしある理論体系が「言語学的証拠」だけではその実在性は保証されることはなく，そのためには「心理学的証拠」によって補強される必要があると解釈されるならば，上で見たクワインの主張と同じく，誤った根拠に基づいた主張に堕することになる．「言語学的」であれ「心理学的」であれ，証拠を分け隔てなく採用する通常の自然科学的アプローチにおいては，「実在性」を追求することには異論はないが，Chomsky (1980) が指摘する通り，その概念を「心理学的」とか「物理学的」といった用語で形容することは，単に無用の誤解を招くだけであり，その使用は差し控えたほうが賢明であろう．

　クワインの「言語学的証拠」と「心理学的証拠」を区別する考え方は，「言語学」という学問領域と「心理学」という学問領域を峻別する考え方に直結していると考えられる．Soames (1984) がまさにそのような学問領域の区別を正当性する議論を展開している．ソームズは以下のように主張

する.

(20) linguistic theories are *conceptually distinct* and *empirically divergent* from psychological theories of language acquisition and linguistic competence.　　　　　(Soames (1984: 155))
(言語理論は,言語獲得や言語能力の心理学的理論とは「概念的に区別され」,また「経験的に異なっている」.)

ソームズが,この二つの理論が「概念的に区別される」と主張する根拠には,言語理論を純粋な数学理論と並行的に捉えられうるという考え方がある.すなわち,数学理論が人間の数を用いる能力を扱う心理学的理論と概念的に区別されるのと同様の意味で,「純粋な」言語理論を人間の言語能力を扱う理論と区別するのは妥当であるとする考え方である.この考えの下,ソームズは「純粋な」言語理論を以下のように思い描いている.

(21) There is a theoretically sound, empirically significant conception of linguistics in which its subject matter is the structure of natural language, considered in abstraction from the cognitive mechanisms causally responsible for language acquisition and mastery.　　　　　(ibid.: 157)
(言語学の主要課題を自然言語の構造と見なし,そのような課題は,言語獲得や駆使能力に因果的に関わっている認知メカニズムを捨象して考察されうるとする,理論的にも妥当で,経験的にも重要な言語学の考え方がある.)

この考え方に基づいた言語学の主要課題として,ソームズは「ある言語 X と Y はどのような点で類似しているか,または異なっているか」,「自然言語は他の人工言語とはどのように区別されるか」,そして「ある言語 X はどのような点で変化し,また同じであり続けているか」の三つを掲げている.その際,言語が類似しているかどうかや変化したかどうかなどを決

めるのに言語学上重要な役割を果たす特性や関係として，文法性（grammaticality），両義性（ambiguity），同義性（synonymy），含意（entailment），分析性（analyticity），矛盾性（contradiction）などを挙げている．例えば，ある言語Xでは，ある文タイプSが「文法的」であるのに対して，ある言語Yでは，Sが「非文法的」である場合，この二つの言語は，文タイプSの文法性に関して異なっている，という特徴づけが成される．ソームズの主張の要点は，このような概念に基づいて構築されたある言語Xの文法の妥当性は，Xのネイティブスピーカーがある文タイプSをどれほどの速度で解釈可能かとか，Sを誤って解釈する傾向があるかどうかとか，Xの子供はSを別の文タイプS′より先に獲得するのかそれとも後なのか，などの「心理学的データ」と何ら関わりあうことなく，決定されうるとする点にある．

これに対して，Chomsky（1975）は以下のような疑問を投げかける．

(22) whether there is any reason to establish a discipline of "linguistics" that restricts itself on *a priori* grounds to some particular data and constructs a concept of "language" that can be studied within this choice of relevant data.

(Chomsky (1975: 34))

（アプリオリな根拠に基づいてある特定のデータに関わるように制限され，この関連するデータの範囲内で研究しうる「言語」の概念を構築するような「言語学」という分野を確立する根拠はあるのかどうか．）

生成文法理論にとって，「言語」とは内在的言語（I-language）のことであり，これは個々人が持つ言語能力を司る言語機能（the faculty of language）のことを指し示す．したがって，この研究対象物は，心理学的または生物学的に実在する物と想定されている．このように他の認知能力とは別個に独立した「言語器官」を措定する根拠は，第1章で詳述した通り，

この器官がヒトという種に固有のものであること，また，この器官が示す様々な特性（例えば，離散的無限性（discrete infinity）や構造依存性（structure-dependence）など）が他の認知器官には見られないことなどが挙げられる．生成文法理論にとっての「言語学」とは，この措定された言語機能の中身を詳らかにすること，そしてこの機能が，子供から大人になるにつれて，どのように発達してきたのかを解明することが，中心的目標となる．その際，これらの解明のために打ち立てられた説明理論は，他の自然科学同様，垣根を儲けることなく様々なデータを証拠として採用することによって，立証される．

これに対して，ソームズが掲げる，純粋な数学理論と並行的に捉えられた「言語学」を確立する十分な根拠は存在するであろうか．ソームズは，この問いの重要性を十分に認識し，以下のように述べている．

(23) The fact that one can articulate a principled, pre-theoretic basis for picking out a domain ... does not guarantee that the domain will be appropriate for systematic theorizing.

(Soames (1984: 176))

（ある研究領域を選び出すために，原理立てられた前理論的根拠を明確に述べることができるという事実は，その研究領域が体系的な理論化に適していることを保証するものではない．）

興味深いことに，ソームズは，自分の思い描く言語学のモデルとして，生成文法理論を想定していて，この理論が成し遂げてきたそれまでの成果を，自分が想定する言語学が理論化に値するものと考える根拠としている．しかしながら，ソームズが思い描く言語学のモデルとして生成文法理論を採用することには何ら問題はないが，その根拠として，生成文法理論の成果を持ち出すことは，容認されない．というのも，生成文法理論は，自然科学の一分野として位置づけられ，言語学と心理学を峻別するような手法は取らないのに対して，ソームズが想定する言語学は，経験科学から

は切り離されたプラトン的研究分野と規定されているからである．とりわけ，このような研究分野において研究対象となっているのは，「外在的言語」(E-language) である．ソームズは，言語学を心理学から概念的に区別する根拠として，「ある二人のネイティブスピーカーが同じ「共通言語」を話し理解したとしても，二人の脳内には異なった言語規則が内在化されていることがありうる」ことを挙げている．この場合，「共通言語」とは，ソームズにとっては，文法性，両義性，同義性，含意，分析性，矛盾性などの「言語学上重要な役割を果たす特性や関係」に関して共通の特性を有する言語と規定されることになるであろうが，このような「言語」の概念を措定する十分な根拠が与えられない限り，ソームズの言語学と心理学は概念的にはっきりと区別されるとする議論は，循環論に陥っている可能性が大である．

　ある学問分野を切り取ることに関して，チョムスキーの以下の見解は示唆的である．

(24) 　In the sciences, at least, disciplines are regarded as conveniences, not as ways of cutting nature at its joints or as the elaboration of certain fixed concepts; and their boundaries shift or disappear as knowledge and understanding advance.

(Chomsky (1986: 35))

(少なくとも科学においては，研究分野は単に便宜的なものと見なされ，自然をいくつかの接合部分に切り分ける仕方であるとか，(自然に対する) ある特定の固定概念を詳らかにするものとは見なされない．そして，研究分野の境界線は，知識や理解が増すにつれて，移動したり，なくなったりする．)

この考え方に従えば，我々がある研究分野を設定するのは，その研究対象 (自然科学であれば「自然」ということになる) をよりよく理解するのに役立つであろうとの見通しの下，便宜的に行うことであり，その妥当性は，

打ち立てられた説明理論の成果によって，判断されることになるであろう．その際，各々の研究分野は，他の分野に対して排他的になることなく，お互いの成果が共有されるような関係であることが期待される．また，各々の分野で打ち立てられた説明理論が他の分野で打ち立てられた理論と収束する（converge）ことが求められる．このような模索の結果，研究分野間の関係は，理論の発展とともに，移り変わることになるであろう．したがって，ある研究分野を，ある固定概念の下にアプリオリに設定し，それが扱うデータをアプリオリに決定することは，研究の発展にとって，阻害要因となりかねない．クワインにしろ，ソームズにしろ，「言語学」の分野をそのような形で規定することが，本当に言語の理解の助けになっているのか，よくよく考える必要がある．

5. 言語獲得の問題：行動主義

　第一言語獲得の問題に対するクワインのスタンスは，基本的に2節で解説した「根元的翻訳パラダイム」の下で，言語学者がある未開の言語を解明していく過程と並行的であり，その考え方に沿って，クワインは，経験主義の流れを汲む**行動主義**（**behaviorism**）の立場を支持する．言語獲得は，基本的に，(1) ある観察されうる刺激に対して，ある文を直接結びつけることによって，その文の意味，すなわち，その文がどのような状況で用いられるかを把握すること，そして (2) 類推によって，ある文から別の文の意味を把握することによって行われる．また，文の把握には，それを構成する語の意味の把握が欠かせないが，この点に関するクワインの際立った特徴は，語の意味の把握に一語文が重要な役割を果たしていると考える点にある．例えば，red という語の意味の把握には，Red. という一語文がどのような状況で発話されるのかに依拠すると考える．子供がどうやって文を語に分解しうるのかは，クワインの説明からは定かではない

が，根元的翻訳パラダイムの下で言語学者が分析仮説を用いて未開言語を解明していったように，子供もそのような仮説を用いて，徐々に言語を獲得していくと考えていると思われる．したがって，その帰結として，言語獲得の過程はそれぞれの子供で一様であることは期待されないし，はたまた，翻訳の不確定性原理から，同一の言語共同体の中で，子供が同一の言語能力を獲得する保証は何もない．但し，言語学者と子供が決定的に異なっているのは，言語獲得には，コミュニケーションの要請に基づいた社会からの働きかけ，すなわち，教育や訓練や強化 (reinforcement) によって，子供が一様な言語行動を取るように仕向けられるという大きな要因が関わっている点にある．ここで肝要な点は，一様性は子供の言語行動にのみ認められるのであって，生成文法理論が主張するような子供の言語能力の一様性については何ら問題にされていないことである．クワインは言語獲得を以下のように特徴づける．

(25) われわれをコミュニケーションの中で互いに結びつけている一様性の背後には，混沌とした私的で多様な結合関係が存在するのであり，その結合関係は，各人に応じてそれぞれ進化し続けている．われわれのどの二人も言語を同じように学ぶことはないし，生きている間はある意味では言語を学び終えることもないのである．（クワイン『ことばと対象』大出晁・宮舘恵訳 20 ページ）

この引用から浮かんでくる言語獲得像は，チョムスキーが指定する生物器官としての言語機能特有の成長過程としての言語獲得という考え方とは対照的に，言語獲得を行動主義的「一般習得メカニズム」の単なる一事例と見なすというものである．したがって，この考え方に基づけば，言語獲得は人が他の知識を経験的に獲得するのと大差ないことになる．

クワインは，言語獲得に対する行動主義的アプローチは必然的であると主張する．

(26) the behaviorist approach is mandatory. In psychology one may or may not be a behaviorist, but in linguistics one has no choice. Each of us learns his language by observing other people's verbal behavior and having his own faltering verbal behavior observed and reinforced or corrected by others.

(Quine (1987: 5))

(行動主義的アプローチは必然的である．心理学においては，行動主義者であってもなくても構わないが，言語学においては，選択の余地はない．我々はそれぞれ，他人の言語行動を観察し，また，自分自身の揺らぎのある言語行動を他人に観察してもらい，強化や矯正をしてもらうことによって，自分の言語を習得する．)

この主張に対するチョムスキーの切り返しは，当を得ていて，示唆に富んでいる．

(27) By similar argument, the nutritionist approach is mandatory in embryology because, in the passage from embryo to mature state, the organism depends strictly on nutrition provided from outside; ... (*NH*: 101)

(同じ論法によって，発生学においては栄養学的アプローチが必然的ということになる．なぜなら，胎児から成熟期への移行においては，その生命体は外部から供給される栄養にもっぱら依存しているからである．)

確かに，胎児が大人に成長するためには，栄養が不可欠であり，観察しうる限り，栄養補給によって胎児が大人に成長したように見える．しかしながら，この論法をまともに信じるものは誰もいないであろう．というのは，誰もが，胎児には先天的に備わっている成長能力があることを認めて

いるからである．さて，言語獲得の場合はどうであろうか．チョムスキーにしてみれば，一生物器官としての言語機能の発達には，身体的発達と同様，先天的に備わった能力が重要な働きをしていると考えるのは，ごく自然なことである．したがって，この観点からすれば，(26) に引用したクワインの主張は，(27) に述べられた主張と同様，にわかに受け入れられるものではない．クワインが身体的発達に生得的能力が深く関与していることを否定するとは考えられないことから，「行動主義的アプローチは必然的である」とする彼の主張は，心身二元論を暗に仮定した方法論，すなわち「方法論的二元論」を信奉していると解されよう．

　チョムスキーは，常々，言語獲得の問題に対して，経験主義的／行動主義的アプローチと合理主義的アプローチのどちらが正しいのかは，事実に即して，どちらのアプローチが言語獲得の過程を正しく捉えられるのか経験的に (empirically) 判断されるべきであると主張する．そのために必要不可欠なことは，大人がどのような言語能力を実際に身に付けているのか，そして，その言語能力を獲得するのにどのようなまたはどれほどのデータに接する必要があるのかを明らかにすることである．なぜなら，この二つの要素がはっきりと提示されれば，先天的能力としてどれほどのものを仮定すれば良いのか，自ずと明らかになるからである．生成文法理論においては，第 1 章で詳述した通り，大人が獲得した言語能力には，獲得過程において子供が接したと考えられる言語データによって帰納的に導き出されたとは到底考えられないような能力が備わっているという観察に基づいて，合理主義的アプローチを支持している．その要点を，ここでは Chomsky (1975) で提示された以下の例を用いて，説明する．

(28) a. John's friends appeared to their wives to hate one another.
　　　b. John's friends appeared to Mary to hate one another.
　　　c. John's friends appealed to their wives to hate one another.
　　　d. John's friends appealed to Mary to hate one another.

(Chomsky (1975: 140))

この一連の文において,(28a, b) と (28c, d) を比べると,表面的には,主動詞に appear を用いているのか appeal を用いているのかの違いだけであるが,これらの文に対してネイティブスピーカーが与える解釈は,かなり異なっている.解釈の鍵となるのは,相互代名詞 one another の先行詞をどのようにして決定するかである.相互代名詞は,その意味性質上,複数の個体を表す名詞句を先行詞として取る.したがって,(28b) において,one another の先行詞は John's friends に限定され,この文は「ジョンの友達一人一人が他の友達を嫌っているようにメアリーには思われる」と解釈される.これに対して,(28a) においては,one another の先行詞は,論理的には John's friends のみならず their wives と見なすことが可能であり,どちらの名詞句を先行詞に取るのかによって,以下の二つの解釈が可能なはずである.

(29) a. ジョンの友達一人一人が他の友達を嫌っているようにそれぞれの妻には思われる.
　　 b. ジョンの友達が,それぞれの妻にとって,他の妻を嫌っているように思われる.

しかしながら,ネイティブスピーカーは,(28a) の解釈は (29a) であって,(29b) のようには解釈しない.次に,(28c, d) のペアに目を転じると,異なった結果が得られる.(28d) では,one another の先行詞として考えられるのは,John's friends だけなので,この文の解釈は「ジョンの友達一人一人が,メアリーに他の友達を嫌うよう懇願した」となるはずであるが,ネイティブスピーカーのこの文に対する反応は,「解釈不能」とか「意味がおかしい」とか,可能なはずの解釈を受け入れようとはしない.(28c) については,(28a) と同様,論理的には,以下の二通りの解釈が可能なはずであるが,実際は一通りの解釈しか許さない.

(30) a. ジョンの友達一人一人が,それぞれの妻に他の友達を嫌うよう懇願した.
b. ジョンの友達が,それぞれの妻に他の妻を嫌うよう懇願した.

この場合,興味深いことに,可能な解釈は,(28a) とは異なり,one another の先行詞を their wives とする (30b) のほうである.

さて,ネイティブスピーカーがこれだけの言語知識を有しているという事実をいかに説明できるであろうか.行動主義的アプローチでは,言語獲得は基本的に,(1) ある観察されうる刺激に対して,ある文を直接結びつけることによって,その文の意味,すなわち,その文がどのような状況で用いられるかを把握すること,そして (2) 類推によって,ある文から別の文の意味を把握することによって行われることを上で述べた.また,その際,社会の側からの訓練や強化によって,ネイティブスピーカーが獲得する言語運用能力の一様性が担保されることを述べた.さて,これらのメカニズムによって,上で見た事実を説明できるであろうか.これらの事実に関して,刺激と文を直接に結びつける方法が関係しているとは思われない.また,「社会の側からの訓練や強化」が関わっているとも考えにくい.また,「類推」による方法も,これらの事実を正しく説明できるか疑わしい.というのは,(28a, b) 対 (28c, d) が,主動詞が違うだけのミニマル・ペアを成していることから,どちらかの意味解釈パターンが仮に何らかの仕方で習得したとしたならば,その意味解釈パターンが,誤って他の組にも当てはまると類推すると考えられるからである.したがって,行動主義的アプローチの下では,上の事実を正しく説明できるとは考えにくい.

これに対して,合理主義的アプローチを信奉する生成文法理論では,これらの事実に対して,ある先天的に定められた原理を仮定することによって,説明を試みている.Chomsky (1975) では,**指定主語条件 (Specified Subject Condition,略して SSC)** が,このような先天的原理として提唱されている.この条件は,one another のような相互代名詞とその先行詞

との照応関係を規制するもので，そのような照応関係には，主語が介在してはならないとするものである．この条件を念頭に (28) の文を考察すると，それぞれの文は，概略，以下のような構造を有している（以下の構造で，S は sentence（文）の略である．また < > を付与された名詞句は，発音されないが意味的にその存在が動機づけられるような句である）．

(31) a. [$_S$ John's friends appeared to their wives [$_S$ <John's friends> to hate one another]]
 b. [$_S$ John's friends appeared to Mary [$_S$ <John's friends> to hate one another]]
 c. [$_S$ John's friends appealed to their wives [$_S$ <their wives> to hate one another]]
 d. [$_S$ John's friends appealed to Mary [$_S$ <Mary> to hate one another]]

この構造において重要な役割を担っているのが，< > で表された「発音はされないが意味的にその存在が動機づけられる」名詞句である．動詞 appear と appeal の意味性質上，後続する節 S の主語は，二つの場合で異なっている．appear の場合は，その埋め込み節の主語は，主節の主語と同一であるのに対して，appeal の場合は，その埋め込み節の主語は，主節の to に後続する名詞句と同一である．さて，SSC を仮定すると，(31a) では，one another の先行詞を John's friends と見なすことには問題はないが，their wives と見なすことはできない．なぜならば，その照応関係には，John's friends という主語が介在しているからである．同様に，(31c) では，one another の先行詞を今度は their wives と見なすことには問題はないが，John's friends と見なすことは，SSC に違反することから，不可能である．また，(31d) においては，(31c) と同様，one another の先行詞を John's friends と見なすことは，SSC に違反することから，不可能であり，また，Mary は単数の人を表していることから，one anotherの先行詞とは見なせない．よって，(31d) は，非文法的な文と見なされる．このように，SSC を先天的原理と仮定することによって，ネイティブスピーカーが (28) の文に対して持っている言語知識を見事に説明することができる．生成文法理論では，このような子供が経験によって学んだとは思われない言語知識を，SSC のような先天的原理を用いて説明することによって，言語獲得に対する合理主義的アプローチの正当性を立証している．

　以上の考察から，クワインのような行動主義的アプローチを信奉する者が，ネイティブスピーカーの有する言語能力または言語知識を過少評価していることは明らかである．このことは，クワインが言語獲得を論じる時に引き合いに出される例が，もっぱら語彙の意味習得，とりわけ名詞の指示対象に関するものであることからも窺える．とりわけ，生成文法理論でよく議論される構造やそれに適用する規則の抽象的特性，例えば，階層構造性，規則の構造依存性，SSC のような種々の局所性条件に関わる言語事実が議論されることはない．Quine (1960) では，行動主義の考えに則り，「言語」を以下のように規定している．

(32) 同一言語の話者なら必ずや互いに似てくるような，言語行動への現在の性向の複合体

(クワイン『ことばと対象』大出晁・宮舘恵訳 42 ページ)

この規定は，ネイティブスピーカーが有する言語能力をクワインが言い表したものと解することができる．この規定においてまず注目すべきことは，クワインが考える言語能力には，チョムスキーが想定するコンペタンスとパフォーマンスの区別立てのようなものは存在せず，言語能力を「言語行動への性向」(dispositions to verbal behavior) として捉えている点である．これに対して，チョムスキーは，以下のように主張する．

(33) Presumably, a complex of dispositions is a structure that can be

represented as a set of probabilities for utterances in certain definable 'circumstances' or 'situations'. But it must be recognized that the notion of 'probability of a sentence' is an entirely useless one, ...　　　　　　　　　　　(Chomsky (1969: 57))
（おそらく，性向の複合体は，ある定義可能な「状況」または「場面」における発話の蓋然性の集合として表示されうるような構造体と考えられるであろう．しかしながら，「文の蓋然性」という概念は全く役に立たないものであることを認めなければならない．）

第1章1節で，デカルトの「言語使用の創造性」について説明したことを思い起こしてほしい．以下に Chomsky (1966/2009) の引用を再掲する．

(34) in its normal use, human language is free from stimulus control and does not serve a merely communicative function, but is rather an instrument for the free expression of thought and for appropriate response to new situations.
　　　　　　　　　　　　　　　　　　(Chomsky (1966/2009: 65))
（人間言語は，通常用いられる場合，刺激のコントロールから自由であり，単にコミュニケーションの機能を果たすために用いられるのではない．そうではなくて，思考の自由な表現や新たな状況に対する適切な応答のための手段として働くのである．）

生成文法理論では，このデカルトの「言語使用の創造性」を人間言語の基本的特徴と位置づけ，言語使用の背後にあって，この創造性を支える規則群（フンボルトの用語では「言語形式」），すなわちコンペタンスを解明することを最大の目標に掲げている．この観点からすると，言語行動を「ある与えられた状況に対する発話の蓋然性」と解される「性向」として捉えることは，言語行動の本質に対する誤った認識であると言える．実際，

我々の日常会話のやり取りを思い起こせば,「おはよう」とか「有難う」のような決まり文句を除けば,どのような状況下でどのような発話をするかは基本的に予測不可能であり,「発話の蓋然性」なるものが,我々の言語行動を把握するのに,何か有意味な手がかりを提供してくれるとは考え難い．これに対して,クワインは以下のように反論する．

(35) Verbal dispositions would be pretty idle if defined in terms of the absolute probability of utterance out of the blue. I, among others, have talked mainly of verbal dispositions in a very specific circumstance: a questionnaire circumstance, the circumstance of being offered a sentence for assent or dissent or indecision or bizarreness reaction. (Quine (1970: 389))
(言語行動の性向は,もし何の状況もなしに発話される絶対的蓋然性に基づいて定義されるのであれば,非常に無益なものであろう．私は,とりわけ,ある非常に特定的な状況における言語行動の性向のことを主に話してきた．例えば,アンケートの状況や,ある文に対して,同意できるかできないか,決めかねるか,または変であるなどの反応を引き出すような状況など,である.)

しかしながら,この場合に得られる言語行動の性向に関する調査結果でもって,人間の言語行動全般についての性向を正しく特徴づけていることにはならない．このような実験的環境においては,確かに「人間の言語行動にはある性向が見られる」と主張することも可能であろう．例えば,上で考察した (28) の例において,英語のネイティブスピーカーは (28a-c) の文については,英語の文と見なすことに同意するであろうが,(28d) については,「変な (bizarre) 文である」と見なすであろう．もし「言語行動の性向」をこのような意味で解するのであれば,生成文法家も含めて,異論を唱える者はいないであろう．生成文法理論的観点からすれば,このよ

うな事実は，人間が，言語使用の背後でそれを規制する言語機能（別の言葉で言えば，コンペタンス）を備えているからであると説明される．しかしながら，このような事実でもって，人間が持つ言語能力を，言語機能に相当するものを何ら仮定することなく，単に「言語行動への現在の性向」に基づいて特徴づけるのは，チョムスキーが主張する通り，ほとんど意味を成さないと思われる．

　言語獲得の問題，もしくは，もっと一般的に言って，知識や認知能力全般の獲得の問題に対して，経験主義的／行動主義的アプローチと合理主義的アプローチのどちらが正しいのかを考察する際に一つ注意が必要なのは，問題の争点が「生得的能力を仮定するのかどうか」にあるのではなく，「どれほどの生得的能力を仮定するのか」にあるということである．よく生成文法理論は，言語獲得に関して**「生得的仮説」**（**innateness hypothesis**）を唱えていると言われるが，これに対して，チョムスキーは以下のように主張している．

(36)　people who are supposed to be defenders of "the innateness hypothesis" do not defend the hypothesis or even use the phrase, because there is no such general hypothesis; rather, only specific hypotheses about the innate resources of the mind, in particular, its language faculty.　　(*NH*: 66)
（「生得的仮説」の支持者と考えられている人々は，この仮説を支持してはいないし，この言葉を用いさえもしない．なぜなら，このような一般的な仮説は存在しないからである．存在するのは，精神，とりわけ言語機能の生得的資質についての具体的な仮説のみである．）

この点に関して，Searle (1972) は，Chomsky (1965) が合理主義者ライプニッツの「ヘラクレスの大理石の彫像」を例えとして主張する生得的観念を引用した箇所で (p. 52)，「生得的性向 (disposition)，傾性 (inclination)，自然的可能性 (natural potentiality)」のようなものを生得的と見なすのであれば，チョムスキーと経験主義者との間の論争の少なくとも一部は解消するであろうと述べている．その理由は以下の通りである．

(37) Many of the fiercest partisans of empiricist and behaviorist learning theories are willing to concede that the child has innate learning capacities in the sense that he has innate dispositions, inclinations, and natural potentialities. (Searle (1972: IV))
（経験主義的・行動主義的習得理論を最も猛烈に支持する者であっても，その多くは，子供が生得的性向や傾性や自然的可能性を有しているという意味で，生得的な習得能力を持っていることを進んで認めるであろう．）

これに対して，Gewirth (1973) は，経験主義や行動主義をライプニッツの生得主義と同一視するような見解は，誤解に基づいていると主張する．というのは，ライプニッツは生得的能力の有り様について，力能 (power) と傾性 (disposition) という二つの概念を区別しているからである．Gewirth はこれらの概念を以下のように説明している．

(38) Powers as such require the stimulation of external objects both in order to be activated and in order to receive their perceptual or ideational contents; hence they have no specific contents of their own. Dispositions, on the other hand, already have determinate contents which the mind can itself activate, given appropriate external occasions.
（力能それ自体は，活性化されるためにも，知覚や観念の内容を受け取るためにも，外界物の刺激を必要とする．したがって，力能はそれ自身の特定の内容を持ってはいない．それに対して，傾性は，適当な外的状況を与えられれば，精神がそれ自身活性

化できる限定された内容をすでに持っている．）

　そして，Gewirth は，チョムスキーやライプニッツが，人間精神が単に力能を有しているのみならず，傾性をも有していると主張している点において，経験主義者や行動主義者とは明確に区別されると指摘する．このライプニッツの生得的能力に関する区別を用いれば，チョムスキーが提唱する普遍文法（universal grammar, UG）は，まさに，人間が言語に関して有する「傾性」を詳らかにしようとするものである．

　言語獲得に関して，UG を信奉する生成文法家を経験主義者・行動主義者から明確に区別するもう一つ重要な点は，そのモジュラー的アプローチにある．第 1 章で詳述した通り，チョムスキーは，言語能力を司る一生物器官として言語機能を仮定する．この機能は，その物理的基盤から抽象されたレベルで，言語能力の諸特徴を明らかにしようすることから，Chomsky（1980）の言葉を借りれば，「精神器官」（mental organ）の一つと言い表すことができる．人間の様々な認知能力は，それ自体，複雑で多岐にわたるが，モジュラー的アプローチでは，それらの諸特性は，言語機能を含めた様々な精神器官が持つ固有の機能の相互作用として把握される．言語行動にあっては，言語機能のみならず，概念構築に関わると考えられる共通感覚（common sense）を司る機能や，信念や意志を司る機能など，様々な機能が関わっていると考えられる．これらを別々の機能として措定する理由は，それぞれの機能が独自の構造を持ち，独自の諸原理によって機能していると考えられるからである．とりわけ，言語機能については，生成文法理論によってその中身がかなりの程度明確にされ，他の機能からは独立した構造や諸原理が存在することが明らかとなっている．そして，「刺激の貧困」に基づいた議論に基づいて，この言語機能の生得的特性も明らかになってきている．このような成果から，さらに他の精神器官についても，同様な「刺激の貧困」に基づいた議論に基づいて，その生得的特性が明らかになることが期待されている．このように精神に対する

モジュラー的アプローチにおいては，精神はいくつかのモジュールから成り，それぞれが，あらかじめ遺伝的に定められたスキームに則って，外部からの刺激を引き金としながら，発達すると想定される．

これに対して，クワインらの経験主義・行動主義を信奉する者は，精神の初期状態を，タブラ・ラーサ（tabula rasa）で形容されるように，何ら固有の構造を有しない真っさらな状態のように想定し，様々な認知能力は，汎用性のある「一般習得メカニズム」(general learning mechanism) によって，経験から得られるものと考える．この考え方の下では，人間がこの一様なメカニズムから様々な能力を身につけることができるのは，ひとえに，経験の多様性に帰せられることになる．したがって，言語獲得は，生成文法理論が想定する UG のような言語に特有のメカニズムによって行われるのではなく，他の知識や能力の獲得と同様のメカニズムによって行われると考える．

言語獲得が UG に基づいて行われるのか，それとも一般習得メカニズムによって行われるのかは，当然のことながら，事実に基づいて検証されるべきものである．しかしながら，一般習得メカニズムを信奉するものは，信条に基づいた「哲学的議論」を展開する傾向がある．例えば，一般習得メカニズムは，生成文法理論のように生得的特性をあれこれと仮定することよりも，アプリオリに好ましいとする議論がある．Cohen (1966) は，生得仮説に反対して，人間の科学的発見をする能力からの類推によって，言語習得も「消去的帰納法」(eliminative induction) によって行われている可能性を示唆している．コーエンが思い描くこの帰納法による言語習得は，以下のようなものである．

(39) Language learning by eliminative induction must normally be a process of gradually letting experience impose restrictions on initially adopted hypotheses, ...　　　　(Cohen (1966: 50))
　　（消去的帰納法による言語習得は，通常，最初に採用された仮説

第3章　方法論的二元論：クワインの場合　　　　　　　　133

に対して，徐々に経験に制限をかけさせるという過程でなければならない．）

当然のことながら，この消去的帰納法による言語習得が本当に可能なのかどうか，経験に照らして検証されなければならないが，Cohen (1966) にはそのような議論は一切見られない．Chomsky (1975) も，「最初に採用される仮説」に関して，パース流の人間にとって「許される仮説」がどのようなものであるのかを明らかにすることなく，単に消去法によって正しい仮説に導かれるとする考え方は，実現性はほとんどないと指摘する．コーエンの議論で興味深いのは，チョムスキー流の生得仮説が空虚であり，避けるべきものであるとする点である．

(40)　What has to be avoided is the tautological pretence of postulating an innate ability to do x in order to explain how it is that children are able to do x allegedly without learning from experience.　　　　　　　　　　　　　　　　　　　　　　　　(ibid.: 52)
　　（避けなければならないのは，子供がよく主張されるように経験から学習することなしにある行動 x を行うことができるのはいかにしてかを説明するのに，x を行う生得的能力を措定するという同義語反復の見せかけの説明を与えることである．）

この「同義語反復の見せかけの説明」(tautological pretence) を避けるためには，言語習得に関わる事実だけでは不十分で，脳生理学や発話障害の症例などからの独立した証拠を提供しなければならないと，コーエンは主張する．しかし，この主張には，3，4節でも議論した「言語学的証拠」に対する偏見が如実に現れており，チョムスキーが主張する通り，言語習得に関わる事実だけを考察したとしても，措定された生得仮説は，十分に反駁可能であり，決して「同義語反復」(tautological) ではない．コーエンは，証拠に対するこのような偏見的意見を表明した後，以下のように続け

る.

(41) But since the Chomskyan theory does lack independently testable consequences of [this] kind, it seems that theoretical progress in the explanation of language-learning should not be sought in the direction of richer and richer theories of innate universals, but in the direction of less and less specific theories of innate endowment that will account for such linguistic universals as there appear to be. (ibid.)
(しかし，チョムスキー理論はこの種の独立にテスト可能な帰結を欠いているので，言語習得の説明において理論が目指すべきは，生得的普遍性の理論を豊富にする方向ではなく，かような言語の普遍性と目されるものを説明する生得的資質の理論を減らす方向である.)

この言明から読み取れるのは，独立した証拠がない限り，言語習得理論で目指すべきは，チョムスキー流の生得仮説に基づいたものではなく，そのような生得性を極力排除した一般習得メカニズムのようなものである，ということであろう．こう考える根拠として，コーエンは，「生得的普遍性を仮定することは，人間が獲得可能な装置を制限することになる (restraints on attainable devices)」と主張する．この見解は，以下の議論によく言い表されている．

(42) if a Martian's method of speech turned out to be learnable by human beings, and not learnable by a language acquisition device, it would require very powerful reasons indeed not to take this fact as a refutation of the language acquisition device's claim to mirror human linguistic capacities. (ibid.: 54)
(もし火星人の発話方法が人間によって学習可能で，言語獲得装

置によっては学習可能でないことが判明した場合，この事実を言語獲得装置が人間の言語能力を反映するとする主張を反駁すると見なさいためには，本当に非常に強力な理由を必要とするであろう．）

したがって，何か言語の生得的な普遍的特性を主張しうるには，その前に「全宇宙を隈なく調べる」(scour the whole universe) 必要があると，コーエンは説く．しかし，一般的に経験科学において，ある仮説を提唱した場合には，常に反例が存在し，その仮説が修正されたり，破棄されたりする可能性は常につきまとう．その意味では，何か言語の生得的な普遍性に関して仮説を提唱した場合には，「全宇宙を隈なく調べる」必要があることは否定できないが，このことは，明らかに，一般習得メカニズムによって言語は習得されるとする説のほうが好ましいとする理由にはならない．この一般習得メカニズムは，汎用的で，柔軟性があるが故に，全宇宙を隈なく調べなくても，様々な言語の習得を十分に説明できる余地があると，コーエンは考えているように思われるが，逆に考えると，このような一般習得メカニズムは，ポパーが経験科学の必須要件とする「反駁可能性」(falsifiability) を欠いている可能性が大きい．また，生成文法理論など，人間の認知能力に対してモジュラー的アプローチを取る立場にあっては，(42)で述べられているように，「火星人の発話方法が人間によって学習可能で，言語獲得装置によっては学習可能でないことが判明した場合」，直ちに言語獲得装置の正当性が否定されるわけではないことに留意する必要がある．というのは，ある人工言語（ここでは，火星人の言語をそのように解するのが自然）が学習できたからと言って，それが言語獲得装置によって自然言語が獲得されるのと同じ仕方で習得されたとは限らないからである．可能性としては，そのような学習が人間の他の認知能力を使って，例えば，数学の問題を解くのと同じ方法で習得されたと解することも可能であろう．このようなことは，すべて言語獲得に関する経験的仮説と

して取り扱われ，本当に同じ言語獲得装置が関わっているかどうかは，当該の言語の獲得過程やそのスピードなどについて，実証的に検討されるべきものである．しかしながら，このような問題に対して，経験的事実に依拠した建設的な議論のやり取りが行われているとは言い難い．チョムスキーにしてみれば，この言語獲得に関する論争は一方的で，UG に帰せられる言語に固有で生得的な特性が明らかにされるばかりで，このような特性が一般習得メカニズムによってどのように習得されるかは謎のままである．

　このように，UG の解明を最大の目標に掲げる生成文法理論においては，研究が進むにつれて，言語の様々な普遍的特徴が明らかになってきている．これに対して，クワインが言語の普遍的特性をどのように考えているのか，最後に考察してみたい．根元的翻訳パラダイムの下では，言語の普遍性は，単に，ある言語から別の言語への翻訳可能性の問題でしかない．ある言語的特徴が，どの言語を翻訳するのにも通用する概念であれば，それを言語の普遍的特性と呼びうるであろうが，そこには，UG に帰せられる普遍的特性のような実在性はない．Quine（1970）は，このような UG に帰せられる普遍的特性に懐疑的な立場を表明し，仮に主語－述語構文がすべての言語に現れるとしても，そのことが示していることは，せいぜい，ある卑近な言語（例えば，英語）を主語－述語という概念を使ってたまたまうまく分析できたこと，そして，この概念を用いて他の言語の構文も翻訳可能であったことでしかない．さらに，翻訳の不確定性原理から，ある言語を記述するのに，主語－述語の概念を用いてできあがった文法が，他のそのような概念を用いずに作り上げられた文法より，正しいとか実在性があるという結論を導き出すことはできない．したがって，クワインの立場からすると，言語の普遍性という観点は，ほとんど無用のものでしかない．

　この立場は，子供の言語獲得を考察する際にも一貫しており，それは，クワインが行動主義の立場を支持していることからも明らかである．それ

では，クワインは，生成文法理論が「刺激の貧困」に基づいた考察から導き出した言語の普遍的特性をどのように考えているのであろうか．Quine (1986) では，「文法と先史時代 (Prehistory)」と題した節において，言語の普遍性を「発生学的親族関係」(genetic kinship) に基づいて考察している．ある言語 X と Y が正当な言語学的手続きを経て分析された結果，極めて類似した文法が得られた場合，クワインは，その類似性を X と Y が発生学的に親族関係にある証拠と見なしうると主張している．この場合，「発生学的」と言っているのは，生物学的な意味ではなく，歴史的な意味においてである．この議論において，クワインは，ヘルダーの『言語起源論』などにおいて主張されている「言語は人間の理性の力によって長い年月を経て進化してきた」とする言語進化論を前提としている．この考え方においては，言語は，生物がアメーバから進化してきたのと同じように，系統樹によって表すことが可能と考える．実際，クワインも，すべての言語が最終的には同じ親族関係にあると信じている．さて，この議論の中で，クワインは Harman (1986) によって指摘された言語の普遍的特性の一つと考えられる「等位構造条件」(coordinate structure constraint) について述べている．この条件は，生成文法理論において，変形規則の一種である移動規則に課される島条件 (island condition) の一つとして定式化されたもので，等位構造からの移動規則を禁じる条件である．例えば，John saw Bill and Mary の Mary を who に変えてできあがる疑問文 *Who did John see Bill and? は非文法的であるが，これは WH 移動規則が等位構造内から適用しているために，等位構造条件に違反するためであると説明される．この普遍的特性に対して，クワインは，以下のように主張している．

(43) This striking uniformity appeals to me not as a hint of a trait of all language, but as a hint of genetic kinship of the languages that seem most readily grammatized by appeal to phrase-

shifting transformations. (Quine (1986: 185))
(この際立った一様性は，私には言語全体の一特性を示唆するものではなく，句を移動する変形規則によって最も容易に文法化できるように思われる言語の発生学的親族関係を示唆しているように思う．)

すなわち，クワインは，このような普遍的特性を，言語進化論を仮定した上で，今日ある諸言語が時間を遡れば一つの「原言語」に辿り着けることから，導き出そうとしている．しかし，チョムスキーが指摘する通り，この主張は，生成文法理論が扱う「言語の普遍性」の問題を正しく認識していないことを示唆する．というのは，この理論が UG に帰する言語の普遍性というのは，言語獲得に関する「刺激の貧困」に基づいた議論，すなわち，「子供はいかにして等位構造条件のような言語特性を獲得できたのか」という問いに対する答えとして措定されたものだからである．クワインの上の主張は，この言語獲得における刺激の貧困の問題に何の示唆も与えてくれないことは明らかであるし，クワインが信奉する行動主義的習得モデルにおいて，このような言語特性を子供がどうやって獲得できたのかを説明するのは困難と思われる．さらに言えば，クワインが暗に仮定している「言語進化論」にも信憑性はない．第1章5節でも触れたように，チョムスキーは，「言語自体が進化するのではなく，進化の対象となるのは，あくまでも言語器官である」ことを力説している．さらに，この言語器官について「過去五万年から八万年の間には——つまり，大まかに言って，それくらいの時期に人類が東アフリカから出始めたわけですが，その後には——何も進化していないこと」が，科学的に立証されつつあることを指摘している．この指摘によれば，言語が様々に分化したという事実を，生物が遺伝子の変異によって様々に分化したという事実と並行的に考えるのは，例えとして有効としても，人々に著しい誤解を与えることになる．というのは，この見方からすると，言語はそのいかなる意味において

も,ダーウィン流の進化論とは無縁の存在である可能性があるからである.言語の一様性や多様性をその歴史的経過に帰することが必ずしも正しいアプローチとは限らないことを肝に銘じておく必要がある.

第 4 章

心身問題

　デカルトが人間の身体も含めた自然界の存在物とは全く性質を異にする第二の実体である「精神」(mind) を措定して以来，この精神と他の存在物，とりわけ「身体」(body) との関係がいかなるものであるのかが，哲学史上，重要な問題の一つと位置づけられてきた．これが，いわゆる**「心身問題」**(**mind-body problem**) であるが，この問題は，20 世紀に隆盛を極めた経験主義の流れを汲む分析哲学において，新たな展開を示す．それは，Ryle (1949) がこの問題を「デカルトの神話」と称して，**「機械の中の幽霊」**(**the ghost in the machine**) と特徴づけた事に端を発する．この場合，「機械」が「身体」を表し，それが象徴するものは，17 世紀の科学革命以来，自然界を機械的に把握しようとする自然科学の射程内にある存在物である．これに対して，「幽霊」は「精神」を表し，それが象徴するものは，自然科学の射程外にある得体の知れないものであり，取り除かれるか何かに還元されるべきものである．このように心身問題を理解することは，分析哲学にあっては半ば常識であり，この「幽霊」の扱いを巡って，様々な議論が展開されてきた．そして，この文脈にあって，生成文法理論はその方法論において激しく批判されることになる．というのは，こ

の理論は，脳内部にあると想定される言語器官を，その物理的基盤から捨象されたある抽象的レベルで，その諸特性を明らかにしようとするもので，この抽象的レベルが「精神的」（mental）と解されているためである．したがって，この心身問題に対して，生成文法理論が採用する研究手法が正当なものであるのかどうか議論することは，極めて重要である．本章では，この問題に対するチョムスキーの主張を詳らかにしていきたい．

1. 生成文法理論にとっての心身問題

　まずもって問われなければならないのは，ライルが言う「機械の中の幽霊」は心身問題を正しく言い表しているかどうかである．ライルは，デカルトの二元論が認める「物質世界」と「精神世界」とは，全く異なった因果法則に支配されていることから，これを世界を構成する二つの実体として並置するのは，「カテゴリー錯誤」（category-mistake）であると主張する．その上で，物質世界は科学によって確固とした動機づけを与えられた世界であることから，ライルは，精神世界を「幽霊」と位置づけ，この別個の世界を仮定することなく，表に現れた行動や行動への傾性という概念を用いて，心的状態や過程を把握すべきであることを主張している．これに対して，チョムスキーはデカルトの二元論を**「形而上学的二元論」**（**metaphysical dualism**）と称し，それ自体を一つの自然界に対する科学的提案と解する．したがって，精神を第二の実体と措定することは，ライルが考えるように，自然科学の外側に位置づけられるのではなく，自然界がそようような実体を含むものと見なす．この見方からすれば，精神は決して幽霊などではなく，デカルトの二元論は「機械の中の別実体」とでも言い表されるものと解するべきである．確かに，この「精神」という存在は，機械的把握を超えたオールマイティーな能力という漠然とした特徴づけしか与えられていないし，また，物理的空間に存在しないこの精神が，いか

第 4 章 心身問題　　　　　　　　　　143

にして身体と繋がっているのかなどの疑問に対して明確な答えが与えられていないが，これらの問題は，すべて科学的問いとして理解されるべきである．

　さて，デカルトのこの二元論には，精神に相対する身体（これは，精神を除いた自然界全体を象徴するものであるが）の明確な特徴づけが要求される．さもなければ，身体とは別個の第二の実体を措定する明確な理由が得られないからである．デカルトは，身体を含めた自然界は，「**接触力学**」(**contact mechanics**) によって支配されていると提案する．この力学は，すべての物理的現象は，接触したもの同士の力の伝達によって起こると考えるものである．バターフィールドは，このデカルトの接触力学を以下のように解説している．

> (1)　空間はその隅ずみまでびっしりと連続的物質 ... によって常に埋め尽くされていなければならぬと主張した．これらの粒子は隙間なく詰まっているので，そのうちのひとつでも動けば他のすべてに動揺が伝わる．この物質は，天空において渦動を生じている．諸惑星が，それらが接触している物質に推し進められて水中の藻屑のようにぐるぐる回り，しかも天界における固有の位置を外れることがないのは，各惑星がそれぞれの渦の中に定着しているからである．
>
> 　　　　　　　（バターフィールド『近代科学の誕生（下）』渡辺正雄訳 54 ページ）

この接触力学によって支配された自然界とは全く性質を異にするものとして措定されたのが「精神」である．精神は，その思考の創造的働きや意志の自由な働きに見られる通り，機械的因果法則によって把握不可能な特性を備えていることから，接触力学によっては支配されない第二の実体と見なされたのである．しかしながら，このデカルトの二元論は，ニュートンの万有引力の発見によって，その土台が崩れることとなる．というのは，この発見によって，接触力学が否定され，「身体」を規定するものがなく

なってしまったからである．ニュートンの「引力」という概念は，当時他の科学者にすんなりと受け入れられたわけではなく，また，ニュートン自身もその存在を疑い，その概念は単に物体間の力学関係を数学的に正しく記述するのに有用であるとして，その実在性については言及を避けたりした．しかしながら，結局，ニュートンの引力に基づいた説明体系がデカルトの接触力学に取って代わり，長い間科学者によって受け入れられることとなる．これによって，二元論は消滅し，「精神」と「身体」の区別も失われる．さて，この認識の下，心身問題はどのように理解されるべきものであろうか．

　まず，人間の「精神」の働きも含めて，自然界に見られる様々な現象を複数の実体に分けて説明する仕方は破棄されたことになるので，この自然界には，そういった意味での区分は何も存在しないし，アプリオリにあれこれの特性を有すると主張できるような基準が存在するわけでもない．したがって，チョムスキーは，科学者の取るべき態度を以下のように述べる．

(2) The material world is whatever we discover it to be, with whatever properties it must be assumed to have for the purposes of explanatory theory. 　　　　　(Chomsky (1988: 144))
（この物質界は，我々が発見するものなら何でもそれが物質界であり，説明理論のために物質界が持つと仮定されなければならないような特性であれば何であれ，物質界はその特性を有している．）

　さて，このような状況において，人間に備わっていると考えられる様々な思考能力や認知能力，そして言語能力等，デカルトの理論的枠組みでは「精神」の特性として扱われてきたものに対して，どのようなアプローチが可能であろうか．生成文法理論が取るアプローチは，言語能力の解明に際して，その物理的基盤を捨象したある抽象的レベルで，その構造や働きに関する諸特性を科学的に解明しようとするものである．その際，この抽

象的レベルを,便宜上,心的 (mental) レベルと称して,直接物理的基盤を扱ういわゆる脳科学研究と区別する役割を担っている.言語能力を含め,人間の様々な認知能力をこの抽象的レベルで扱う学問は,通例,心理学と呼ばれる.このような枠組みにおいて,「心身問題」に何らかの意味づけを与えるとすれば,それは同じ対象物を別々のレベルで研究する脳科学と心理学との「**統合**」(**unification**) の問題に帰せられる.チョムスキーは以下のように解説する.

(3) In the study of human psychology, if we develop a theory of some cognitive faculty (the language faculty, for example) and find that this faculty has certain properties, we seek to discover the mechanism of the brain that exhibit these properties and to account for them in the terms of the physical sciences—keeping open the possibility that the concepts of the physical sciences might have to be modified, just as the concepts of Cartesian contact mechanics had to be modified to account for the motion of the heavenly bodies, ... (ibid.: 144-145)
(人間の心理学研究においては,もし我々がある認知機能(例えば,言語機能)の理論を発展させ,この機能がある諸特性を有していることが判明すれば,我々はこれらの諸特性を示す脳のメカニズムを発見し,物理学の用語でこれらの諸特性を説明しようとする.その際,ちょうどデカルトの接触力学の概念が天体の動きを説明するのに修正されなければならなかったように,物理学の概念のほうが修正されなければならないかも知れないという可能性があることを念頭においておく必要がある.)

この引用の最後の部分は,「統合」が一方から他方への「還元」(reduction) を意味するものではないことを忠告するものである.次節で考察するように,往々にして,心的レベルでの研究は,脳の物理的基盤を直接研究する

ものに還元されなければならないとする主張がなされるが,「統合」がどのような形で実現するかはアプリオリに決定できるものではない. 19世紀の化学において措定された「原子」や「分子」の概念は, 当時その物理的基盤が明らかになっていなかったが, それらの概念を用いると様々な化学的現象が説明可能であった. 科学者の中には, そのような物理的基盤を欠いた概念に基づいた説明理論に対して, 懐疑的な態度を取る者もいたが, この問題は, 物理学のほうが既成の理論に修正を加え,「量子力学」という新たな説明体系を打ち立てることによって, 解決されたことを思い起こす必要がある.

デカルトが提唱したような二元主義 (dualism) を排し, 心身問題を単に心理学と脳科学との統合の問題と捉え, 人間の様々な認知能力を心的レベルで科学的に解明しようとするのが, チョムスキーにとっての自然主義的アプローチである. このアプローチを Chomsky (2000) は, 以下のように要約する.

(4) a "naturalistic approach" to the mind investigates mental aspects of the world as we do any others, seeking to construct intelligible explanatory theories, with the hope of eventual integration with the "core" natural sciences.　　　　(*NH*: 76)
(精神に対する「自然主義的アプローチ」とは, この自然界の精神に関わる側面を他の側面を研究するのと同様の仕方で研究することで, 理解可能な説明理論を打ち立てることを追求する. その際, これらの活動は「中核を成す」自然科学との最終的な統合を望みながら行われる.)

チョムスキーは, このアプローチは基本的に方法論に関わることから,**「方法論的自然主義」** (methodological naturalism) と名づけている. そして, 第2, 3章で考察したように, 精神に関わる側面を科学的に解明する可能性を否定するパットナムやクワインの立場を**「方法論的二元主義」**

(**methodological dualism**) と呼んで，これと対置している．

　以上，心身問題に対する生成文法理論の自然主義的立場を見てきたが，この心身問題をライルの「機械の中の幽霊」と捉える哲学者にとっては，生成文法理論とは全く異なるアプローチが「自然主義的」と見なされている．とりわけ，そのようなアプローチでは，生成文法理論の立場からすれば，方法論的二元主義に通じるアプローチが「自然主義的」と見なされるという奇妙な構図が成り立っている．

2. 「機械の中の幽霊」に基づく自然主義

　Baldwin (1993/2004) は，以下の Dennett (1984) の言説を引用しながら，現代の哲学の重要なテーマの一つとして，哲学の「自然化」(naturalization) を掲げる．

(5) One of the happiest trends in philosophy in the last twenty years has been its Naturalization: since we human beings are a part of nature—supremely complicated but unprivileged portions of the biosphere—philosophical accounts of our minds, our knowledge, our language must in the end be continuous with, and harmonious with, the natural sciences.

(Dennett (1984: ix))

(ここ 20 年における哲学の最も喜ばしい傾向の一つは，その「自然化」にある．すなわち，我々人間は自然の一部——生物界の極めて複雑ではあるが取り立てて特権を有するわけではない一部——を成しているのだから，我々の精神，我々の知識，我々の言語の哲学的説明は，最終的には自然科学と継続的であり，調和していなければならない．)

この言説の中の「継続的」というのは，様々な説明体系の階層関係が存在することを示唆し，物理学が最も根本的説明レベルであるとボールドウィンは解説する．したがって，デネットの「哲学的説明が自然科学と継続的でなければならない」という主張において，「自然科学」は「物理学」と解されることになる．そして，「調和する」とは，哲学的説明のような抽象化されたレベルでの説明が，物理学のレベルで説明可能な要素に翻訳可能であることを意味しているとボールドウィンは解説する．そして，このような哲学の自然化を**「形而上学的自然主義」**(metaphysical naturalism)と名づけている．

　この自然主義には，「機械の中の幽霊」を「機械」と調和させることによって，デカルトの二元主義を克服しようとする意図が窺える．この自然主義が生成文法理論が取る自然主義と大きく異なる点は，この機械と幽霊の区別を前提とした上で，幽霊のほうを一方的に機械に適合させることを良しとしている点である．このことは，科学的説明とは区別された「哲学的説明」という言葉を用いていることからも窺える．というのは，生成文法理論にとっての自然主義においては，様々なレベルの説明体系が存在することを認めるが，どのレベルもすべて自然科学に属するものであり，原理的にはどのレベルも対等関係にあるとみなされるからである(実際には，ボールドウィンが主張するように，物理学が最も根本的であると見なされてはいるが)．チョムスキーは，この形而上学的自然主義が主張する物理学との調和に関して，「この物理学とは，今現在の物理学のことを指し示しているのか」と問いかけ，以下のように主張している．

(6) Perhaps tomorrow's physics will incorporate some version of today's accounts (whether termed "philosophical" or not), even if the latter are not continuous with today's physics.　　(*NH*: 82)
（おそらく未来の物理学は，今現在の説明（それが「哲学的」と呼ばれようと呼ばれなかろうと）が今現在の物理学と継続的でな

いにしても，その説明を取り込む可能性はあるだろう．）

この主張は，ある抽象的レベルでの説明体系を物理学の体系に一方的に適合させようとする考えが無意味であることを示唆している．様々なレベルでの説明体系の間に存在するのは，前節で述べた通り，「統合」の問題であり，それはレベル間の相互作用によって解決が図られるべき問題である．

心身問題をライルの「機械の中の幽霊」と捉える哲学者にとって，その解決法は，「幽霊」をどう取り扱うかに大きく依存している．一つの解決法は，ライルやクワインらによって擁護された「行動主義」を信奉することで，「幽霊」である精神の言葉で語られていた様々な心の働きや諸特性を，表に現れた「行動」または「行動への傾性」に基づいた諸特性で置き換えようとするものである．行動主義は，Burge (1992) の言葉を借りれば，哲学的観点から以下のように捉えることができる．

(7) It [= Behaviorism] is perhaps better seen as a method that eschewed use of mentalistic vocabulary in favor of terms that make reference to dispositions to behavior.　　(Burge (1992: 29))
（行動主義は，心理主義的用語の使用を避け，行動への傾性に言及する用語を好む方策として見るのがおそらくより良いであろう．）

この心身問題を，「機械の中の幽霊」の観点に立ち，行動主義に依拠することによって解決しようとする立場を，ボールドウィンは Quine (1969b) にならって「**認識論的自然主義**」(**epistemic naturalism**) と形容している．Searle (1992) によれば，この自然主義の背後にある考え方には，一人称的視点から三人称的視点への転換がある．

(8) 実在が客観的であるので，心を研究するもっとも良い方法は客観的な視点，つまり三人称的な視点を採用することである．科

学の客観性は，研究される現象が完全に客観的であることを要求し，認知科学の場合は，このことが，認知科学は観察可能な「行動」を客観的に研究せねばならないということを意味するのである． (サール『ディスカバー・マインド』宮原勇訳30ページ)

この考え方に基づけば，例えば「ある人がどのような信念体系または知識体系を心のうちに保有しているのか」という問いは，「ある人がどのような知的行動またはそのような傾向を示せば，ある信念体系や知識体系をその人に帰することができるのか」という問いに置き換えられることとなる．しかしながら，第2章3節で言及したサールの「中国語の部屋」の思考実験から明らかな通り，人の脳の内的状態を考慮することなく，単にその人の行動のみに基づいて様々な認知能力を捉えようとするアプローチは，人間のような知性を備えた生命体の知的行動を，ロボットのような単に見せかけだけの知的行動からいかにして区別できるのかという大きな問題を抱えている．

心身問題のもう一つの解決法は，Burge (1992) が自然主義と呼ぶものであり，一般には「**唯物主義**」(**materialism, physicalism**) と呼ばれているものである．この立場は，「心的なもの (mental) を物理的なもの (physical) に還元する」ことによって心身問題の解決を図ろうとするものである．バージはこの唯物主義の存在論に関する立場を以下のように解説する．

(9)　there are no mental states, properties, events, objects, sensations over and above ordinary physical entities, entities identifiable in the physical sciences or entities that common sense would regard as physical.　　　　(Burge (1992: 31))
(通常の物理的存在物，すなわち物理学において同定可能な存在物もしくは共通感覚が物理的と見なすであろう存在物に加えて，心的状態，特性，事象，対象，感覚は存在しない．)

第4章 心身問題　　　　　　　　　　　　　　　151

そして，この存在論に立って，唯物主義の方法論を以下のように解説する．

(10) It demanded that mentalistic discourse be reduced, explained, or eliminated in favor of discourse that is "acceptable" … in the natural or physical sciences. (ibid.: 31-32)
（唯物主義は，心理主義的に語られるものは自然科学や物理学において「容認される」語り口に還元され，またはそれによって説明され，ある場合は除去されることを要求した．）

この還元主義は，「すべての実在物は，究極的には物理学的な説明を与えられなければならない」とする多くの哲学者や科学者の強い信念に支えられている．しかし，この信念自体を必ずしも否定はできないものの，前節で述べた19世紀の化学とその後に誕生した量子力学の関係から明らかな通り，この信念を持ってしてでも，物理的基盤から抽象されたレベルでの研究を否定することは，理に適ったものではない．このことを念頭におくと，(9) や (10) に述べられた唯物主義の存在論的・方法論的立場は，奇異なものに思われる．というのは，この立場からすると，チョムスキーが意図する「心理主義的説明体系」が将来，その物理的基盤を解明するのに何らかの役割を果たすことを，はなから否定していることになるからである．唯物主義には，「精神」の研究を「科学化」するという意図が働いていると主張されるが，NH では，この考えに沿って (9) や (10) に述べられたことを合理的に理解する仕方が提示されている．それは，「心的状態，特性，事象，対象，感覚」を我々が持つ「共通感覚」によって捉えられた非科学的概念と捉え，それを物理学の説明体系の下に包摂しようとするものと解釈する仕方である．もし唯物主義をこのように解釈するのであれば，この立場は特段ユニークな主張を表明しているわけではなく，通常科学が目指していることと何ら変わるところはない．というのは，「共通感覚」によって捉えられた非科学的概念を物理学の説明体系の下に包摂しよ

うとする目論見は，心的概念のみならず，物理的概念にも同様に当てはまるからである．この解釈の下では，「心身問題」の解決策として提示された唯物主義は，「身身問題」の解決策でもあり，その本来の意義を失うこととなるであろう．

　行動主義も唯物主義も，ライルの「機械の中の幽霊」の観点に立ち，「精神」を追い払おうとした点に，共通の意図を見て取ることができる．そして，このことによって，これらの立場は，生成文法理論も含め，脳の諸特徴をある抽象的レベルで捉えようとする心理学的アプローチ（通例，「**心理主義**」(**mentalism**) と呼ばれる）を否定する．しかしながら，前節で述べた通り，デカルトの二元論の屋台骨を成していた接触力学がニュートンの引力の法則を取り入れた説明体系に取って代わられることによって，デカルトの二元論は事実上消滅したにもかかわらず，あたかも「精神」と「身体」の区別が明確であるかのように仮定して，「精神」を「機械の中の幽霊」と位置づける根拠はない．したがって，行動主義にしろ唯物主義にしろ，「精神」を追い払おうという誤った意図に導かれて成立した立場であることを考慮すれば，これらの立場にも確固とした根拠を見い出すことはできない．よって，このような立場から，心理主義を批判する論を展開することは，的を射たものとはならないであろう．

3.　唯物主義の批判：機能主義

　「痛みは脳状態か」(Is pain a brain state?) という問いに対して，Smart (1959) が唯物主義の考えに従って肯定的な議論を展開したのを受けて，Putnam (1967) は，その問題点を指摘している．それは，「痛み」のような感覚的特性を表す心的状態が，二つ以上の異なった物理的・化学的状態を有する生命体によって共有された場合，唯物主義の主張する心的特性を物理的・化学的特性に還元しようとする立場では，これらの生命体に共通

する痛みの感覚をうまく捉えられないというものである．パットナムは，哺乳動物とタコを二つの異なった物理的・化学的状態を有する生命体として例に取り，以下のように主張する．

(11) If we can find even one psychological predicate which can clearly be applied to both a mammal and an octopus (say, 'hungry'), but whose physical-chemical 'correlate' is different in the two cases, the brain-state theory has collapsed.

(Putnam (1967: 44))

（もし我々が哺乳動物とタコの両方に明らかに当てはまり，その物理的・化学的対応物が二つのケースで異なっているような心理述語（例えば，「お腹がすいた」）を一つでも見つけられれば，脳状態理論は崩壊してしまう．）

このように，ある心理状態をある特定の物理的・化学的状態に還元することの不適切さを指摘することにより，パットナムは「痛み，もしくは痛みの状態にあるというのは，生命体がある機能的状態 (functional state) にあることである」とするいわゆる**「機能主義」(functionalism)** を提唱する．この立場では，アリストテレスの形相と質料の区別にしたがって，生命体をチューリング機械 (Turing machine) のような抽象的なコンピューター機械とみなし，その物理的・化学的構成を捨象して，その生命体の諸特性を明らかにすることから，二つ以上の異なった物理的・化学的状態を有する生命体によって共有された心的特性を適切に捉えることが可能であると主張する．

　この立場は，「ある抽象化されたレベルで生命体の諸特性を明らかにしようとする」点においては，心理主義と相通じるが，決定的に異なる点は，心理主義があくまでも生物学の一部と位置づけられるのに対して，機能主義は生物学から切り離された一分野を構成する，ということである．というのは，生命体をチューリング機械と見立てるこの立場では，様々な心理

状態がどのような物理的・化学的状態によって具現化されているのかという考察からは何ら影響を被らないからである．さて，そうするとあるチューリング機械として見なされた生命体がある心理状態にあるとどうやって見分けることができるのであろうか．例えば，タコは本当に，哺乳動物と痛みやお腹がすいたなどの心理状態を共有しているのであろうか．これに対して，パットナムは，そのような心理状態を帰する手掛かりはもっぱらその生命体の「振る舞い」から得られると主張する．すなわち，タコが痛みやお腹がすいたなどの心理状態にあるかどうかの判断は，哺乳動物が同じ状態にある時と同様の振る舞いが観察されるかどうかに依拠することとなる．この点で，機能主義は，「振る舞い」を決定的基準として心理状態を特徴づけようとする行動主義と相通じるものがある．すなわち，そのような心理状態は，チューリング機械の状態とその関係を規定する「チューリング機械テーブル」によって，ある状況に置かれた生命体がどのような振る舞いをするかを捉えるインプット－アウトプットシステムと見なすことができる．

しかし，Block (1978) が指摘する通り，この「振る舞い」を心理状態の決定的基準として用いる点で，機能主義は行動主義と同じ問題を抱えることになる．前節で言及したように，人の脳の内的状態を考慮することなく，単にその人の行動のみに基づいて様々な認知能力を捉えようとする行動主義は，サールの「中国語の部屋」の思考実験から明らかな通り，人間のような知性を備えた生命体の知的行動を，ロボットのような単に見せかけだけの知的行動からいかにして区別できるのかという大きな問題を抱えている．ブロックは，同様の問題が機能主義に対しても当てはまることを指摘している．チューリングは，「機械は思考することができるのか」という問いに対して，「もし機械が人間を騙すことができる程度に人間と同じ知的振る舞いをすることができるのであれば，その機械は思考すると見なすことができる」という提案を行った．これが「チューリングテスト」と呼ばれるものである．この提案は，まさに機能主義に則った考え方に基

づいている．通常は，人間という種のみに帰せられる思考能力も，全く異なった物理的・化学的構成物から成る機械でも，人間と同様の知的振る舞いをするのであれば，人間とこの機械に共通する思考能力をチューリング機械の形で捉えようとするのが，（少なくともパットナムの）機能主義の研究手法である．しかしながら，この立場にも，サールの「中国語の部屋」の思考実験に基づいた議論が立ちはだかる．というのは，「思考する機械」と見なされたものにも，「中国語の部屋」のように，その内部構造を観察すれば，通常の理解では到底思考しているとは見なし難い機械が存在しうるからである．このことは，その内部構造を顧慮することなしにもっぱらその機能的振る舞いに基づいて，研究対象物の諸特性を明らかにしようとする研究手法に，根本的な欠陥があることを示唆している．

　言語能力を例に取った場合，機能主義がどのようなアプローチを取るのか考えてみよう．言語能力が人間という種に固有の特性とするデカルト流の考えの下では，機能主義の研究手法を明確化するためには，地球以外のある惑星に人間のような知的生命体を想定し，その生命体が人間の言語を人間と同様に使いこなすことができるといった状況を想定する必要がある．この場合，機能主義は，人間とこの知的生命体に共通する「言語能力」がどのようなものかを，これらの生命体の言語活動に基づいて，例えばチューリング機械をモデルとして明らかにしようとするであろう．この際肝心なことは，この言語能力がどのような物理的・化学的メカニズムによって具現されているかは考慮外ということである．この点で，この機能主義的アプローチは，心理主義的アプローチを取る生成文法理論からはっきりと区別される．後者の立場では，研究対象物を，脳内の物理的・化学的基盤から抽象されたレベルで，その特性を明らかにしようとするものだが，あくまでも生物学の一部という位置づけで研究を行うものであり，詳らかにされた諸特性は，脳内の物理的・化学的基盤が示す諸特性と見なすことから，最終的には，この物理的・化学的基盤との「統合」の問題が重要な課題となる．この立場では，したがって，上の仮想状況において，人

間は人間でその言語能力を支える心理的メカニズムを明らかにし，また，地球外の知的生命体についても，同様の手法で，その心理的メカニズムを明らかにしようとするであろう．その際，表面的には，この生命体が人間言語をマスターしたように見えるからと言って，その内的メカニズムが人間のものと全く同じものであると前提することなく，様々な実験やその他の方法を用いて解明しようと努めるであろう．さて，この心理主義的アプローチは，機能主義的アプローチに比して，原理的に何か重要な知見を捉えそこなっていると言えるであろうか．機能主義的アプローチでは，人間と地球外の知的生命体の言語能力に関する何らかの共通性を捉えようとしている点で，ブロックの言葉を借りれば，「普遍心理学」(universal psychology）または「システム間心理学」(cross-system psychology) と呼べるような研究領域を表していると解することもできよう．一見すると，このアプローチは，心理主義的アプローチよりもさらに抽象化された高みから対象物を解明しようとしている点で，何か重要な知見が得られるような期待を抱くかも知れないが，上で考察したように，このアプローチは，対象物の内的メカニズムを考慮することなく，もっぱらその振る舞いや行動に基づいて，その諸特性を捉えようとすることから，「中国語の部屋」の思考実験によって明らかなように，心的諸特性を本当に正しく機能的諸特性に還元できているか疑わしいと断ぜざるを得ない．

　ブロックは，さらに，機能主義的アプローチでは，明らかに異なる心的状態にある二人の人間が同じ機能的状態にあると結論づけられてしまうような状況の存在しうることを指摘している．一人は，視覚などに何ら障害を持っているわけではないが，「赤」と「緑」の語の使い方を誤って覚え，赤いものを緑色だと言い，緑色のものを赤いと言うものと仮定する．この場合，問題は言語的なものに過ぎないので，この人の心的状態は通常の人の心的状態と何ら変わるところはない．それに対して，もう一人は，本人に気づかれることなく，赤色と緑色が入れ替わるレンズを目に移植し，人工的に視覚障害の状態にされているものとする．この人は，「赤」と「緑」

の語の使い方については，正しく覚えたものとする．そうすると，この人も，もう一人の人と同様，赤いものを緑色だと言い，緑色のものを赤いと言うであろう．しかしながら，この人の心的状態としては，赤いものを緑色だと認識し，緑色のものを赤いと認識していることから，通常の人の心的状態とは，全く異なるであろう．このように，この二人の心的状態は異なっているにもかかわらず，二つの色に関する言語的振る舞いが同じであることから，二人の機能的状態は同じものと見なされて，心的状態が正しく機能的状態に還元されているとは言えないであろう．

このように，ブロックが指摘する通り，機能主義は大きな問題を抱えていると思われるが，そもそもパットナムが機能主義を唱えた経緯を考慮すると，この立場は，ライルの「機械の中の幽霊」という認識を出発点としている点で，行動主義及び唯物主義と軌を一にしている．すなわち，これらの立場は，「精神」を追い払うために，それを何かに還元されなければならないと考える点で共通している．しかしながら，心理主義の立場からすれば，「精神」は追い払われなければならないものでは決してない．デカルトの二元論が崩れ去った後の科学的態度としては，「精神」を脳内の物理的・化学的基盤から抽象されたレベルでの研究対象と位置づけるのが最も自然であり，そのレベルで得られた知見は，単に物理学や化学に還元されるべきものではなく，何らかの形で物理学や化学と「統合」されることが模索されるべきものである．

4. 唯物主義の批判：サール

Searle (1992) は，「心身問題」の存在を前提としつつ，それに対する解決策としての唯物主義を批判し，この問題に対する最も「自然な」解決法として，**「生物学的自然主義」** (biological naturalism) を唱える．

(12) 心的現象は脳の中の脳生理学的プロセスによって惹き起こされ，それ自体脳の特性であるというものだ．… 心的現象と心的プロセスは，消化や有糸分裂，減数分裂，あるいは酵素分泌と同様にわたしたちに起こっている生物学的自然史の一部を成しているのである．（サール『ディスカバー・マインド』宮原勇訳 17 ページ）

そして，サールは，還元不可能な心の本性として「意識」(consciousness) を措定し，すべての心的現象は，実際に意識可能であるか，潜在的に意識可能であると主張する．これによって，人間の脳を，パットナムの機能主義のように，プログラムを内蔵するコンピューターになぞらえることを否定する．というのは，このようなモデルでは，「意識」が欠如しているからである．このサールの自然主義に対して，Nagel (1995) は，その意義を以下のように述べている．

(13) This radical thesis, that consciousness is a physical property of the brain in spite of its subjectivity, and that it is irreducible to any *other* physical properties, is the metaphysical heart of Searle's position. (Nagel (1995: 103))
(この革新的テーゼ，すなわち，意識が主観的であるにもかかわらず，脳の物理的特性であり，他のいかなる物理的特性にも還元できないとするテーゼは，サールの立場の形而上学的核心である．)

そして，ネーゲルは，この立場が十分に明らかにされれば，心身問題に対する新たな解決法を与えるものであると評している．

さて，この立場は本当に我々に「革新的テーゼ」を提供しているのであろうか．チョムスキーの答えは否である．まず，ネーゲルにとって心身問題とはいかなるものであるかを明らかにしておく必要がある．

(14) The mind-body problem was posed in its modern form only in

the seventeenth century, with the emergence of the scientific conception of the physical world on which we are now all brought up.　　　　　　　　　　　　　　(Nagel (1995: 97))
(心身問題は，我々が皆今やそれに基づいて育つところの物理世界の科学的概念が出現する 17 世紀になって現代の形で提起された.)

このネーゲルの心身問題の理解は，デカルトの二元論を否定した上で，「精神」をいかにして確固とした基盤を成す自然科学の中に取り込むのかというもので，「精神」の位置づけは，基本的にライルの「機械の中の幽霊」と変わるところがない．この認識の下では，確かにサールの提案は，唯物主義や行動主義，そして，機能主義とは異なり，主観的な「意識」は還元不可能であると主張している点で，心身問題に対して新たな解決法を与えているように思われる．しかしながら，この議論は，チョムスキーにとってみれば，誤った心身問題の認識の下に展開されていることに留意すべきである．というのは，デカルトが二元論を提唱した時に仮定されていた接触力学に基づいた「身体」の概念は，ニュートンによって反駁され，その時以来「身体」を定義づける概念は失われ，結果として，身体から区別されるところの「精神」の概念も存在しないからである．したがって，自然科学の領域外にあると想定される「精神」またはその状態や現象をどのように扱うべきかという問いは，本来的に誤った問いと断ぜざるを得ない．そうは言っても，心的現象や心的状態は脳の特性として存在することは否定し得ないことから，(12) に述べられたサールの「生物学的自然主義」が主張するところのものは，デカルトの二元論が崩壊して以降の科学者もしくは哲学者が最も自然な主張として受け入れてきたものである．その例として，チョムスキーはよくロックを引用する．

(15)　神は，もし思し召されるなら，思考する機能を物質に添えたもうことができると想念することは，思考する機能を持つ他の実

体を物質に添えたもうただろうと想念することに比べて，私たちの了解力からはるかにかけ離れてはいないのである．

(ロック『人間知性論第四巻』大槻春彦訳 34 ページ)

この抜粋は，ロックが人間の真知の及ぶ範囲の狭さを主張している文脈で出てくるものだが，この言わんとするところは，「思考する機能」が物質に直接的に添えられているとする考え方が，デカルトの「思考する機能を持つ他の実体」が物質に添えられているとする二元論に比べて，アプリオリに疑わしいとする理由は何もないということである．サールの (12) の主張は，このロックの主張を，生物学の知見を取り入れて現代風に述べ直されたものと見なすことができよう．したがって，「心身問題」を歴史に沿って正しく認識した場合，サールの「生物学的自然主義」をネーゲルが主張するように「革新的テーゼ」と見なすのは，適当であるとは言えないだろう．ネーゲルは，(13) の引用で，サールが「意識が脳の物理的特性である」と主張していると述べているが，この主張において「物理的」という形容が何の意味も果たしていないことに留意する必要がある．同様に，意識が「他のいかなる物理的特性にも還元できない」と主張している箇所においても，「物理的」という形容は何の意味も果たしてはいない．

このように考えてくると，サールのテーゼにおいて重要な主張は，「意識が他に還元不可能な脳の特性である」ということになるであろう．生成文法の自然主義的アプローチでは，この主張は経験的に検証される必要がある．デカルトが，この「意識」の存在を正に人間が身体から区別された精神を持つことの証しとしたように，我々の直観的理解では，意識は我々の心的状態を表すのに欠くべからざる要素を成しているように思われる．他方，ヒュームは，意識または「自我」を否定し，人間の心的状態を以下のように言い表している．

(16) 人間とは，[実のところ] 想いも及ばない迅さで次々に継起する・久遠の流転と動きとの裡にある・様々な知覚の束ないし集合に

第4章 心身問題

過ぎない．　　　（ヒューム『人性論（二）』大槻春彦訳 103 ページ）

このことは，「意識」という概念が，心的状態を表すのに必ずしも必要不可欠なものかは，アプリオリに決定できるものではないということを示唆すると思われる．さらに，この概念が心的状態を特徴づけるのに，ある意味で適切な概念であったとしても，これが「他に還元不可能」かどうかは，この心的状態を捉える説明理論に依存する．

サールは，「因果的還元」と「存在論的還元」を区別し，「意識」は因果的還元は可能であるが，存在論的還元はできないと主張する．

(17) 意識は，ニューロンのふるまいの因果的な創発的属性であり，そのようにして意識は因果的には，脳内のプロセスへと還元できる．… 完全なる脳科学は，今日の科学が熱や固体性や色や音を還元してしまうような仕方では，意識についての存在論的還元にはまだいたっていない．

（サール『ディスカバー・マインド』宮原勇訳 182 ページ）

サールはこのように主張するが，まず「意識が脳内のプロセスへと還元できるかどうか」は，一概に答えの出せる問題ではないように思われる．「意識」が還元される対象として適当な概念であるかどうか現時点では判然としないし，脳内のプロセスがどのようなメカニズムに従って働いているのかよくわかっていない現状では，還元可能かどうかの問いに答えるのは不可能と思われる．生成文法の自然主義的アプローチでは，「精神」と「脳」の関係は，単に説明理論の抽象度の違いでしかないわけであるから，この還元可能性の問題は，心的状態の脳状態への還元を意味する必要はなく，心的状態を捉える概念やそこに働く原理間の還元可能性の問題と捉え直すことも可能である．その考え方の下では，「意識」は単にある心的レベルでの知覚や認識過程，思考や想像や反省過程の総称でしかない可能性は否定できない．また，サールの「因果的還元」と「存在論的還元」の区

別に基づいて,「意識」は因果的に還元できても,存在論的還元はできないという主張には,少なくとも科学的根拠を見出すことはできない.サールが「意識」をこのように特別扱いする背景には,デカルトの二元論の名残が多分に反映されているように思われる.あたかも一人称としての「意識」は三人称的科学手法では,その存在を消し去ることはできないと主張しているかのようである.科学が,我々人間がこの世界を把握する唯一の方法ではないことを考慮すれば,「意識」や他の一人称的概念が「因果的に」ではなく「存在論的に」還元不可能であるという主張は,全く意味を成さないものではないかも知れない.我々は,科学による世界の把握とは別個に,自分の共通感覚(common sense)に基づいて世界を把握していると考えられるが,そのような感覚の下では,「意識」や他の一人称的概念は必要欠くべからざる概念であるかも知れない.しかし仮にそのように考えてきたとしても,「熱や固体性や色や音は因果的にも存在論的にも還元可能であるが,こと意識については事情が異なる」とするサールの主張には,やはり精神と身体の二元論的区別が暗に仮定されているように思えてならない.

5. 反心理主義：意識化の問題

ライルの「機械の中の幽霊」という認識を出発点として,「精神」を取り除こうとした行動主義と唯物主義は,生成文法理論も含め,脳の諸特徴をある抽象的レベルで捉えようとする心理主義を否定することについては,上述の通りである.さらに,サールのように行動主義と唯物主義を批判し,主観的な「意識」を還元不可能な脳の特性とする立場であっても,この「意識」を,デカルトのように,心的状態や過程を司る心の本性と見なすことから,生成文法理論のように無意識の言語知識を認める立場とは衝突することとなる.Nagel (1995) は,生成文法理論で措定される「**言語**

獲得装置」(**Language Acquisition Device**) を取り上げ，サールの立場から得られる帰結を以下のように述べている．

(18) a deep, allegedly psychological mechanism like Chomsky's Language Acquisition Device, ..., is not a set of unconscious mental rules at all, but simply a physical mechanism—for it is incapable of giving rise to subjective conscious thought whose content consists of those rules themselves. (Nagel (1995: 109))
(チョムスキーの言語獲得装置のような深くて，心理的と目されるメカニズムは，一連の無意識の心的規則では全くなくて，単に物理的メカニズムである．というのは，このメカニズムは，その内容がこれらの規則自身から成る主観的な意識的思考を生み出すことはできないからである．)

したがって，サールの立場では，「言語獲得装置」のような意識化不可能な心的構成物は存在せず，そのようなものは全て「物理的な」ものに還元されることになる．ライルの比喩を借りれば，「意識に統制された心的諸特性」は「機械」と相入れるが，「意識化不可能な心的諸特性」は，依然として「機械の中の幽霊」であって，機械に還元されるべきものであると考えるのが，サールの立場と言えよう．この立場は，第3章3節で議論した「規則に従う」ことに関する実在性について，クワインが主張する立場と類似していることを思い起こしてほしい．すなわち，生成文法理論が提唱する意識化できない規則には何ら実在性はなく，人はただそのような規則に合った言語行動を示しているに過ぎないとするものである．

「意識に統制された心的機能」という考え方は，デカルト以来西洋哲学の歴史の流れの中に脈々と受け継がれてきた哲学的信念のようなものであるが，科学の進歩に伴って，脳の働きもかなりの程度科学的に解明されてきた現在にあって，「意識化可能である」という特性が果たしてどれほどの意味を持つのであろうか．これに関連して，第3章3節でも引用した

Chomsky (1975) の以下の抜粋は示唆的である．

(19) what is "known" will be a rather ill-defined and, perhaps, a scattered and chaotic subpart of the coherent and important systems and structures that are cognized. (Chomsky (1975: 165))
(「知っていること」とは，ヒトが認知する整合性のある重要なシステムと構造のかなり不明確な，そしておそらくまばらで混沌とした部分を成しているであろう．)

ここで用いられている「認知する」(cognize) という用語は，「無意識に知っている」ことを意味しているが，この主張によれば，「意識化可能な知識」はあくまで表面的なもので，その背後に隠された「無意識の知識」にこそ人間の精神に関する本性が存することになる．

　フロイトの研究以来，無意識のうちに働いている心的状態や心的過程が存在することは誰もが認めるところであるが，これに対してサールは，このような無意識の心的状態や過程は，単に潜在的であるに過ぎず，「原理的に意識にアクセス可能である」とするコネクション原理を提案する．

(20) わたしたちは無意識の心的状態という概念を，意識の可能なる内容として，つまり，たぶんさまざまな理由によって意識へともたらすことのできないものであるが，それにもかかわらず意識的でありうるような，そしてこれまでも意識的であったような類のものとしてのみ，理解しているということである．

(サール『ディスカバー・マインド』宮原勇訳238ページ)

サールは，この「原理的に意識にアクセス可能である」無意識を「浅い無意識」と呼び，チョムスキーの言語獲得装置のような，原理的にアクセス不可能な「深い無意識」と区別する．サールは，上述のように，深い無意識の存在を否定し，そのようなものは，神経生理学的現象に還元可能であるとする．

この「浅い知識」の存在に関わってくる一事例として，「盲視」(blindsight) を挙げることができる．この症例は，脳の視覚野の損傷により，視覚意識がないにもかかわらず，無意識に見えているかのような反応を示すものである．Dennett (1991) の言葉を借りれば，

(21) (1) 盲視にも視覚情報の受容が含まれているのであるが，(2) そうした視覚情報の受容は無意識的なのだ，ということになる．

(デネット『解明される意識』山口泰司訳 389 ページ)

(1) については，「被験者はそうした情報を探るテストでは偶然よりはるかに優れた成果を示す」ことから証拠づけられ，(2) については，「被験者はそのような出来事を自分が意識していることを否認」することから証拠づけられる．この盲視を患った者は，視覚情報を意識化できないことから，このような情報は，サールの立場では，生成文法理論が措定する言語獲得装置と同様に，心的状態を表すのではなく，物理的状態を表すものと見なされることになるであろう．これに対して，健常者にあっては，そのような視覚情報は意識化できることから，心的状態を表すものと見なされるであろう．このような特徴づけは，明らかに恣意的であることから，サールは盲視のような事例を，単に意識化への妨げが起きているだけで，「原理的に意識にアクセス可能な」事例と見なす．

NH でチョムスキーは，この「原理的に意識化可能な」が意味するところを吟味する議論を展開している．チョムスキーは，次のような思考実験を試みる．ある人間 X が遺伝子の突然変異によって盲視を患ったとしよう．そして，その遺伝子型が X の子孫にも受け継がれ，結果として，盲視を患った人種とそうでない人種がこの世に誕生したとしよう．さて，サールはこの遺伝的に盲視を患った人種を，視覚に関し「原理的に意識化可能な」ケースと見なすであろうか．このような人種であっても，意識化できないという事実以外，盲視を患っていない人種と同様の視覚メカニズムが働いていると考えられるので，やはりこのようなケースであっても，

「原理的に意識化可能な」ケースと見なすのが妥当であろう．チョムスキーは，さらに続けて，言語能力についても同様の思考実験を試みる．すなわち，我々の祖先は，実は我々に内在化された言語規則を意識化できていたのであるが，ある時遺伝子の突然変異によって，盲視のように意識化できなくなり，今現在の我々の状態に至ったと想定してみる．このシナリオでは，盲視との平行性から，現在我々が内在化された言語規則を意識化できないという事実は，単に「原理的に意識化可能な」ケースと見なすのが妥当ということになるであろう．そうすると，上でネーゲルが生成文法理論で想定される言語獲得装置が「一連の無意識の心的規則では全くなくて，単に物理的メカニズムである」と結論づけたものが，上の思考実験のシナリオが現実に起きたことと判明するや否や，その結論が覆されることとなるであろう．これは明らかに不合理な帰結である．したがって，この一連の思考実験は，「原理的に意識化可能な」という概念がいかに恣意的なものであるかを示している．別の言い方をすれば，サールが峻別する「浅い無意識」と「深い無意識」の区別が，いかに恣意的なものであるのかを明らかにしていると言えるであろう．さらに，この思考実験が示唆するところのものは，心的状態や心的過程を把握する際に，「意識化可能である」ということが，どれほどの意味を持つことなのか疑義を抱かせるということである．盲視であれそうでないのであれ，脳に内在化された言語規則を意識化できるのであれできないのであれ，脳内で働いている心的メカニズムは基本的に同様であると想定するのが，最も自然なことである．「意識化可能である」ということは，そこに働いているメカニズムを解明する上での一つの有力な証拠を提供しうるにしても，それを心理学的研究の絶対的基準として用いるのは，科学的基準に照らしても，単にドグマ的要求を課しているに過ぎないであろう．チョムスキーが (19) で述べているように，心の本性は，科学的目で見れば，意識化可能でない部分にこそ潜んでいると考えるのもあながち真実から離れているとは思われない．

第 5 章

生物言語学：デカルト派言語学を乗り越えて

　この最後の章では，生成文法理論が心理学の一分野との位置づけから生物学の一分野へと歩を進めることによって，この学問の哲学的意義がどう捉え直されうるのかを考察する．とりわけ，Chomsky（1966/2009）が生成文法理論の哲学上の先達と見なす「デカルト派言語学」の考え方と対比することによって，生成文法理論の生物学的意義を明らかにしようと思う．

　この主題を取り上げようと思ったきっかけは，Chomsky（1975）が冒頭で述べた言語研究の意義について，デカルト派の「言語は精神の鏡である」という考え方を挙げ，以下のような見解を表明したことによる．

(1)　I do not mean by this simply that the concepts expressed and distinctions developed in normal language use give us insight into the patterns of thought and the world of "common sense" constructed by the human mind. More intriguing, to me at least, is the possibility that by studying language we may discover abstract principles that govern its structure and use, prin-

ciples that are universal by biological necessity and not mere historical accident, that derive from mental characteristics of the species. (Chomsky (1975: 4))
（これによって私は単に通常の言語使用において表現された諸概念や編み出された区別が人間精神によって構築された思考パターンや「共痛感覚」の世界への洞察を与えてくれるということを意図しているわけではない．より興味をそそるのは，少なくとも私にとっては，言語研究によって，我々は言語の構造と使用を支配する抽象的原理，単に歴史的偶然によってではなく生物学的必然性によって普遍的であるような原理，そして種固有の心的特性から導かれるような原理を発見できるかも知れないという可能性である．）

デカルト派言語学では，「言語は精神の鏡である」をモットーに，言語研究は精神の本性を研究する上でのどちらかと言えば付随的な役割を演じていて，(1) の引用の前半部分で述べられているように，言語は精神の中身の解明に対して洞察を与えてくれるものとして位置づけられていた．そのため，言語特有の構造や規則を解明するといった視点は，欠落しているか，ほとんど重要視されることはなかったと推測される．これに対して，生成文法理論では，「言語は精神の鏡である」というデカルト派言語学のテーゼは継承しつつ，その目指すところのものは，まさに (1) の引用の後半部分で述べられているところのものであり，これを生物学的に表現すれば，「言語器官」の解明ということになる．本章では，Chomsky (1966/2009) で議論されたデカルト派言語学の考え方を概観した上で，生成文法理論の生物学的意義を明らかにしていきたいと思う．

1. デカルト派言語学：言語使用の創造性

　デカルト派言語学を特徴づける基本的言語観としてまず挙げられるのが「言語使用の創造性」である．これは，第 1 章 1 節で説明した通り，デカルトの二元論において見出される言語に対する見方である．デカルトは，人間の身体や他の動物などはその機能特性を機械論的に捉えることが可能なのに対して，人間の精神はその創造的な思考の働き故に機械論的把握を越えているとし，そのような精神の特性が具現化されたものが言語であると考える．デカルト派言語学は，この「言語は思考の反映である」という見方を出発点として，言語は思考が持つ創造性を引き継いでいると考える．この「言語使用の創造的側面」を Chomsky (1966/2009) は次のように述べている（この抜粋は第 1 章 1 節でも引用されたもの）．

(2) in its normal use, human language is free from stimulus control and does not serve a merely communicative function, but is rather an instrument for the free expression of thought and for appropriate response to new situations.

(Chomsky (1966/2009: 65))
（人間言語は，通常用いられる場合，刺激のコントロールから自由であり，単にコミュニケーションの機能を果たすために用いられるのではない．そうではなくて，思考の自由な表現や新たな状況に対する適切な応答のための手段として働くのである．）

この考え方に立てば，言語は，単なるコミュニケーション手段として存在するのではなく，人間の内部に本性的に根ざした思考の表現手段であると見なされる．さらに，言語は人間に固有の精神の反映であるが故に，それ自身も人間という種に固有のものと見なされる．この精神の存在を証明するものとして考えられた言語は，ある意味で抽象的な構築物で，それを実

際に音として具現化する発生器官とは独立して存在するものと，デカルトは考える．

> (3) 人間は，生まれつき耳も聞こえず口もきけず，ほかの人に話をするのに役立っている器官が，動物と同じか動物以上に欠けていても，ふつう何かの記号を自分たちで発明し，その記号によって，つね日頃いっしょにいてその言語を習いおぼえるゆとりのある人たちに自分たちのことを理解させるのである．
>
> （デカルト『方法序説』谷川多佳子訳76～77ページ）

これに対して，動物は仮に人間と同じ発生器官を備えていたとしても，人間のように話すことはできない．

> (4) カササギやオウムはわれわれのように音声を発することはできても，われわれのように話すこと，つまり自分が言うことは自分が考えていることであるのを明示しながら話すことはできないからである．　（デカルト『方法序説』谷川多佳子訳76ページ）

このように，言語能力に関して，人間を動物から明確に区別する考え方においては，人間言語は，動物がコミュニケーションを行っている時に用いていると考えられる「言語」とは本質的に異なるものと見なす．したがって，このような見方は，人間と猿のような高等動物の知的能力の差異が単なる程度問題と見なす考え方とは相入れない．例えば，ラ・メトリは以下のように考える．

> (5) 猿と人間との構造および機能の類似は以上のごとくであるから，もしこの動物を完全に訓練すれば，ついにかれに発音を覚えさせ，従って或る国語を覚えさせるのに成功するであろうということを，ほとんど疑わないのである．
>
> （ラ・メトリ『人間機械論』杉捷夫訳63～64ページ）

第5章 生物言語学：デカルト派言語学を乗り越えて

ラ・メトリは，デカルトとは異なり，人間も所詮は機械であり，精神を特別扱いすることはなかった．生成文法理論では，精神を第二の実体とするデカルトの二元論を採用していない点においては，ラ・メトリと共通するが，人間言語に備わる創造性は，質的に動物言語とは異なると考える点で，デカルト派言語学の考え方を踏襲している．

デカルト派言語学の中でも最も生成文法理論の考え方に近いとチョムスキーが評するフンボルトは，言語を精神の活動であると定義している．

(6) 言語そのものは，出来上がった作品（エルゴン）ではなくて，活動性（エネルゲイア）である．それ故，言語の本当の定義は，生成に即した定義しかあり得ないことになる．すなわち，言語とは，分節音声を思考の表現たり得るものとするための，永劫に反復される精神の働きなのである．

（フンボルト『言語と精神』亀山健吉訳第 12 節，73 ページ）

そして，第 1 章 1 節でも述べた通り，フンボルトは，言語使用の創造性の背後にあって，この創造性を支える「言語形式」の存在を主張する．

(7) 精神は分節化した音声を思考の表現にまで高めてゆく役割を果たすわけであるが，精神のこういう仕事の中にみられる恒常的なもの，同じような形態を取り続けているものを，できるだけ完全にその関連性において把握し，できるだけ体系的に表現したもの，それが言語の形式ということになる．

（フンボルト『言語と精神』亀山健吉訳第 12 節，75 ページ）

この「言語形式」は，「言語は思考の反映である」という考え方の下，人間の思考形式が普遍的であるが故に，その特性を引き継いでいると考える．デカルト派言語学では，このような理由から，言語の規則性を捉える文法を「**一般文法**」(general grammar) もしくは「**哲学的文法**」(philosophical grammar) と称している．上でも述べてきた通り，生成文法理論は，

言語使用の創造性を直接説明しようとするのではなく，その背後にあって，言語の創造的使用を保証するような「言語形式」とはいかなるものか，という問題を言語の解明における最大の関心事と位置づけている．「言語が単にコミュニケーション手段ではなく，人間の精神に固有の思考形式を反映したものである」とするデカルト派言語学の考え方は，フンボルトの言語の起源の考察にも生かされている．

(8) 言語の起源という問題を考えるに当って，… 主として相互的な助け合いという卑近な欲求から言語が生じたとし，… 言語の起源が貧弱で少数の語であるという考え方も，言語が人間同士の助け合いから生れたという見方も，両者ともに，人が言語に対して懐き得る最も甚だしく間違った考え方なのである．… 助け合うだけのためならば，分節化しない音声でも，十分事足りたであろう．… 言語が発生した当時の人間の自然状態に近いものと普通思われている，いわゆる野蛮人の言語も，実は，日常生活に必要であるという程度を遥かに超えた，豊かで多様な表現が随所に見られるのである．

(フンボルト『言語と精神』亀山健吉訳第 14 節，96 ページ)

このようなデカルト派言語学の言語観は，20 世紀に隆盛を極める「**経験主義言語学**」(**empiricist linguistics**) によって否定されることになる．構造主義言語学の第一人者と目されるブルームフィールドは，人間言語と動物言語の違いに関し，ラ・メトリと同様，単に程度の差でしかないと考える．

(9) Human speech differs from the signal-like actions of animals, even of those which use the voice, by its great differentiation.

(Bloomfield (1933: 27))

(人間の発話は，動物の信号を送るというような行動，また声を

用いる動物のそのような行動でさえも,それと異なるのは,人間の発話が非常な程度に分化しているということである.)

また,「言語使用の創造性」に関しては,それを人間の本性的思考形式と絡めることなく,「言語話者がこれまで聞いたことのない文を発話したり,理解したりできる」のは,単に類推によるものであると考える.

(10) A grammatical pattern (sentence-type, construction, or substitution) is often called an *analogy*. A regular analogy permits a speaker to utter speech-forms which he has not heard; we say that he utters them *on the analogy* of similar forms which he has heard.　　　　　　　　　　　(Bloomfield (1933: 275))
(文法的パターン(文タイプ,構造または代入)はしばしば「類推」と呼ばれる.規則的類推は,話者がこれまで聞いたことのない発話形を発することを可能にする.その場合我々は,話者はこれまで聞いたことのある類似の形式から「類推することによって」そのような発話形を発すると言える.)

この見方は,第3章5節で詳細に論じたクワインらの行動主義者の考え方に通じる.すなわち,言語活動は,基本的に「刺激-反応」のパターンを呈し,人はそのような言語活動に身を置き,ある与えられた環境においてどのような言語反応を人々が示しているかを観察し学び取ることによって,当該の言語を獲得するというものである.クワインが言語能力を性向に基づいて以下のように特徴づけたことを思い起こしてほしい.

(11) 同一言語の話者なら必ずや互いに似てくるような,言語行動への現在の性向の複合体
　　　　　　　(クワイン『ことばと対象』大出晁・宮舘恵訳42ページ)

また,経験主義言語学においては,思考形式を反映したものとしての「一

般文法」または「哲学的文法」を否定する．Chomsky (1966/2009) は，反フンボルト派として，ホィットニーとジョーズを取り上げている．

(12) The infinite diversity of human speech ought alone to be a sufficient bar to the assertion that an understanding of the powers of the soul involves the explanation of speech.
(Whitney (1873: 360))
（人間の発話が無限に異なっていることだけでも，魂の力能の理解が発話の説明に関わっているという主張の十分な障壁になるに違いない．）

(13) languages could differ from each other without limit and in unpredictable ways, (Joos (1958: 96))
（諸言語は，際限なく，予測不可能な仕方で，相異なりうる．）

生成文法理論は，経験主義言語学によって長きにわたって葬り去られてきたデカルト派言語学の考え方を復活させたと見なすことができる．そして，その考え方を科学的手法を用いて具体的に定式化し，実証的な説明理論を打ち立てようと試みている．チョムスキーは，デカルト派言語学の中でも，フンボルトの言語観が生成文法理論のものに最も近いと見なしているが，Chomsky (1966/2009) でも指摘されている通り，フンボルトは「言語形式」の中身が実際どのようなものであるかについて，踏み込んだ議論を行っていない．どちらかというと，この言語形式に基づいて個々の言語がどれほどの個性的特性を発揮できるのかという問題のほうにより興味を示しているように思われる．その理由を考えると，部分的には，「言語が思考の反映」であり，言語形式の研究はつまるところ思考形式に還元されるという意識が働いていたものと推察される．この点と関連して，Chomsky (1966/2009) は以下のように指摘している．

(14) the failure to formulate rules of sentence construction in a pre-

第 5 章　生物言語学：デカルト派言語学を乗り越えて　　175

cise way was not simply an oversight of Cartesian linguistics. To some extent it was a consequence of the express assumption that the sequence of words in a sentence corresponds directly to the flow of thought, at least in a "well-designed" language, and is therefore not properly studied as part of grammar.

(Chomsky (1966/2009: 75))

(文を構築する規則を正確な仕方で定式化しなかったのは，単にデカルト派言語学の見落としではない．それは，ある程度，文の単語の並びは，少なくとも「うまく設計された」言語においては，直接思考の流れに対応するものであり，したがって，文法の一部として研究されるには適当ではないというはっきりとした前提の結果であった．)

生成文法理論は，デカルト派言語学の考え方を土台に据えつつも，「言語は思考の反映である」というモットーに拘泥することなく，言語形式または文法の中身を詳らかにしようとするものである．その際，鍵となるのが，生物学的視点である．すなわち，この文法を人間に内在化している一生物器官である「言語器官」と措定することによって，より科学的な言語研究を可能にしている．

2.　デカルト派言語学を乗り越えて

　デカルトは，機械論的把握を超えた実体として「精神」を措定する証拠として，「言語使用の創造性」の他にもう一つその特異な性質を挙げている．それは，意識を伴った「理性」の存在である．

　(15)　理性がどんなことに出合っても役立ちうる普遍的な道具であるのに対して，これらの諸器官は個々の行為のために，それぞれ

何か個別的な配置を必要とするからだ．

（デカルト『方法序説』谷川多佳子訳 76 ページ）

ここで言う「諸器官」とは心臓や肺などの身体の器官のことであり，これらはある特定の目的を持って形作られているが，これに対して，理性はあらゆる事態や出来事に対して対応する能力を持った「普遍的な道具」である．そして，このような理性の存在が，精神を第二の実体とする二番目の証拠であると，デカルトは主張する．

『言語起源論』を著したヘルダーは，まさにこの普遍的な道具である理性の存在が言語を創造しえたと主張する．ヘルダーは，他のデカルト派言語学者と同様，人間言語を「動物語」からはっきりと質的に区別しているが，その区別の仕方が興味深い．ヘルダーは，動物語を以下のように定義する．

(16) 動物語は同じ種族の動物たちが彼らの活動圏内における仕事について，互いに無意識的・感覚的におこなう意志疎通である．
（ヘルダー『言語起源論』大阪大学ドイツ近代文学研究会訳 25 ページ）

そして，動物語は本能に支配され，その特性は「機械的」である．これに対して，ヘルダーは，「人間は言語を本能的にもっているのではない」と主張する．人間にあっては，本能の力は弱く，それに伴って感覚や衝動も弱まっているが，この本能の代わりに人間には隠された偉大な力，すなわち「理性」が備わっていて，それが人間言語を生み出すと主張する．ヘルダーは，理性が働いている状態を「意識性」と呼び，意識性と言語の関係を以下のように述べている．

(17) 人間は，彼に生まれつき具っている意識性の状態におかれて，この意識性を初めて独力で働かせたとき，言語を発明したのである．
（ヘルダー『言語起源論』大阪大学ドイツ近代文学研究会訳 37 ページ）

そして，ヘルダーは言語の起源を「意識のしるし」に帰する．意識性は，様々な感覚の中からある物に注意を向け，またその物の中でもある特性に注意を向けるといった物や特性を区別する認知能力を持つ．この認知能力が物や特性にしるしを付し，それが言葉となったのであった．「従って言語の発明は，人間にとっては彼が人間であるのと同じ位自然なことである．」(ヘルダー『言語起源論』大阪大学ドイツ近代文学研究会訳 37 ページ) この「意識のしるし」としての言葉は，発話する能力を失った者であっても，意識性を保持している限り精神の内に存在するものであると，ヘルダーは主張する．この言葉の内発的な特徴づけは，デカルトの言葉に対する認識とぴったりと符合する．

　しかしながら，このように言語の発明を意識性の必然的帰結と見なすヘルダーの考え方は，生成文法理論と大きな食い違いを示す．ヘルダーにとっては，言語の発明そして発達は，人間の意識的営みによって遂行される．したがって，「言語の構造様式全体は，人間の精神の一つの発展のあり方，人間のさまざまな発見の歴史にほかならないのである．」(ヘルダー『言語起源論』大阪大学ドイツ近代文学研究会訳 59 ページ) この考え方に従えば，言語は，その発達過程において，人間の感情や思考や想像力といった様々な心的働きが偶然的に作用することによって多様性を示すことが期待される．実際，ヘルダーのこの本での一つの狙いは，言語は神から与えられたとする「言語神授説」を反駁することにある．その反駁の仕方は，ダーウィンが個々の生き物が神から与えられたとする説を反駁する仕方を彷彿させる．そして，ヘルダーが考える言語の進化は，ちょうどダーウィンが考える生物進化と平行的である．これに対して，生成文法理論にとっては，言語の発明そして発達は，ヒトに備わった一生物器官としての「言語器官」の誕生そして進化として捉え直される．したがって，言語の構造様式全体は，遺伝的に決定されることとなる．第 1 章 5 節で言及したように，チョムスキーは，人間の言語能力が「過去五万年から八万年の間には――つまり，大まかに言って，それくらいの時期に人類が東アフリカから

出始めたわけですが，その後には——何も進化していないこと」，もう一つは，「五万～八万年前からさらに五万～十万年くらい遡ると，言語が存在していた証拠」が全くなく，それは考古学的には，「その期間内に極めて突然の事象が起こったことを指し示している」こと，したがって「完璧な（あるいは完璧に非常に近い）システムが極めて突然創発した」ことを示唆することになる（チョムスキー『我々はどのような生き物なのか』福井直樹・辻子美保子訳 129 ページ）ことを述べている．もしこの見方が正しいとすると，言語起源とその後の言語の発達または進化についてのヘルダーの見解と生成文法理論のミニマリスト的見解とでは，大きな隔たりがあることになる．ヘルダーの見解に従えば，「人間の言語は，精神の発展と共に進化してきた」という言い方は正当なものと見なしうると思われるが，ミニマリスト的見解では，（内在的）言語は全くと言ってもいいほど進化していないことになる．

　また，ヘルダーは「人間は言語を本能的に持っているのではない」と主張する．本能に最も支配されることの少ない人間は，先天的に備わった能力を持たない代わりに，家族による「伝授と養育の絆」によって，様々な能力を獲得していく．言語もその一つである．

(18) 　自然が種族全体をそれによって結合した家族精神による人間教育の伝播もまた，同様に言語の継続的形成となる．

（ヘルダー『言語起源論』大阪大学ドイツ近代文学研究会訳 135 ページ）

言語は親から子へと意識的に伝播されるが，世代ごとに改良を加えることによって，少しずつその姿を変えていくと考える．この考え方に立つと，人間の理性や意識性は生得的なものであっても，言語そのものは生得的なものではない．もし仮にそうだとすると，動物語のように，非常に限られた不完全なものでしかないであろう．

(19) 　蜜蜂にとって蜜をつくることが生まれつきのものであるのと同

じような具合に，もし言語が人間にとって生得のものであるとすれば，言語という最大の華麗な殿堂もたちまちにして崩壊してしまうだろう.

(ヘルダー『言語起源論』大阪大学ドイツ近代文学研究会訳157ページ)

一般的に言って，デカルト派言語学者と認められる者は，フンボルトも含め，言語を生み出す源となる理性の働きを生得的と見なす一方で，こと言語に関しては，その理性の働きの結果生み出されるものと見なす傾向があり，ヘルダーのように，言語自体は生得的ではないと考える者が少なくなかったと思われる.

これに対して，生成文法理論にとっては，人間は言語器官を脳に内蔵しているという意味において，「言語を本能的に持っている」と言える．この点で，生成文法理論の研究手法は，ヒュームのものにより近いと言える．ヒュームは，精神の研究をニュートンの物理学と全く同様の仕方で，科学的に行おうとした．とりわけ，精神の研究にとって本質的な問いである「我々人間は，観念や概念そして知識や信念をどうやって獲得するのか」を考察する際，ヒュームは，デカルトやヘルダーのように精神を特別扱いすることなく，動物を考察するのと同じ手法で，どの部分が生得的な特性に帰せられ，どの部分が経験から得られるのかを明らかにしようとした．そして，生得的な部分を「もともとの自然の御手」(the original hand of nature) と表現し，「本能」と称している．例えば，「人生におけるあらゆる振る舞いの基盤をなしている，あの実験的推論 (experimental reasoning) それ自体は，実は，われわれのうちでわれわれ自身が気づかないまま働いてしまう，一種の本能あるいは機械的な能力以外の何ものでもない．」(ヒューム『人間知性研究』斎藤繁雄・一ノ瀬正樹訳96ページ) と述べている．生成文法理論は，言語能力に関して，まさに「もともとの自然の御手」である本能を突き止めようとしていると言い表すことができるであろう．上で述べた獲得の問いに対するヒュームの答えは，いわゆる経験主義に属

する点で，生成文法理論とは袂を分かつ．チョムスキーもヒュームをデカルト派言語学の一員に数えてはいないものの，「精神」をデカルトの二元論のように特別扱いせず，純粋に科学的に解明しようとした点では，生成文法理論の自然主義と相通じるものがある．

　チョムスキーは，言語機能が内容豊かで複雑に入り組んだシステムであるのは，それが一生物器官として遺伝的にあらかじめ与えられた枠組みを持っているからこそであると主張する．この見解からすると，理性のような「普遍的な道具」は逆にそのような精巧なシステムを構築するにはふさわしい道具とは言えないであろう．また，言語機能が一生物器官であり，その諸特性があらかじめ遺伝的に決定されているということは，その能力に自ずと限界があるということも示唆する．したがって，この言語機能は，それに必要な言語インプットのタイミングや性質によって，うまく機能しないことがあり，その帰結として，人間はいかなる種類の「言語」をも習得できるわけではないことになる．

　このように，言語機能をデカルトやヘルダーのように精神の特別な働きの結果と捉えるのではなく，他の身体器官と同様に，一生物器官と位置づける生成文法理論にあっては，この言語機能が人間という種に固有のものであるという事実は「言語器官」の有無に帰せられる．人間が他の動物と質的に異なるのは，「精神」のような大雑把な実体の特性故ではなく，言語器官も含め，脳内にある諸器官の相互作用の結果であると主張する．このように，生成文法理論は，言語研究を心理学の一部としてのみならず，生物学の一部と位置づけることによって，純粋に科学的な学問としての地位を確立させたものと言いうるであろう．

　しかしながら，言語研究を科学の一部と見なす研究手法には依然として抵抗がある．Weinberg (1976) は，フッサールが「**ガリレオ的スタイル**」(**Galilean style**) と称する物理学の基本的研究スタイルを以下のように言い表している．

(20) We have all been making abstract mathematical models of the universe to which at least the physicists give a higher degree of reality than they accord the ordinary world of sensation.

(Weinberg (1976: 28))

（我々は皆宇宙の抽象的な数学モデルを打ち立ててきている．そして，そのモデルに対して，少なくとも物理学者は，通常の感覚世界に認める現実性よりも高度な現実性を与えている．）

Chomsky (1980) は，このガリレオ的スタイルが，言語能力を含む認知研究に対しても物理学と同様の成果を生み出しうるかが興味ある問題として，我々に以下のように問いかけている．

(21) Can we hope to move beyond superficiality by a readiness to undertake perhaps far-reaching idealization and to construct abstract models that are accorded more significance than the ordinary world of sensation, and correspondingly, by readiness to tolerate unexplained phenomena or even as yet unexplained counterevidence to theoretical constructions that have achieved a certain degree of explanatory depth in some limited domain, …?"　　　　　　　　　　　　　　　　　(Chomsky (1980: 9-10))

（我々は，おそらく広範囲にわたる理想化を遂行し，通常の感覚世界に対してよりも重要性を認められた抽象的なモデルを構築し，それに伴って，未だ説明されていない現象を許容し，またある限られた領域においてある程度の説明力を獲得した理論的構築物に対して未だ説明されていない反例をも許容することをいとわないことによって，表面的なものを乗り越えられると望みうるであろうか．）

言語学においては，まだまだデータを説明することを一義的に考える研究

者が数多くいる中で，このチョムスキーの問いかけに対して，肯定的態度で言語研究に臨めるかどうかに，生成文法理論のように，言語研究を科学の一部と位置づける学問の成否がかかっていると言えよう．

参 考 文 献

Adger, David (2015a) "Mythical Myths: Comments on Vyvyan Evans' 'The Language Myth'," *Lingua* 158, 76-80.
Adger, David (2015b) "More Misrepresentation: A Response to Behme and Evans 2015," *Lingua* 162, 160-166.
Baldwin, Thomas (1993) "Two Types of Naturalism," *Proceedings of the British Academy* 80, 171-199. Reprinted in Baldwin and Smiley (2004). [Baldwin (1993) のページ番号は, Baldwin and Smiley (2004) のもの]
Baldwin, Thomas R. and Timothy J. Smiley (2004) *Studies in the Philosophy of Logic and Knowledge: British Academy Lectures*, Oxford University Press, Oxford.
Behme, Christina and Vyvyan Evans (2015) "Leaving the Myth Behind: A Reply to Adger (2015)," *Lingua* 162, 149-159.
Block, Ned (1978) "Troubles with Functionalism," *Perception and Cognition: Issues in the Foundations of Psychology*, Minnesota Studies in the Philosophy of Science Vol. 9, ed. by C. Wade Savage, 261-325, University of Minnesota Press, Minneapolis.
Bloomfield, Leonard (1933) *Language*, University of Chicago Press, Chicago.
Burge, Tyler (1992) "Philosophy of Language and Mind: 1950-1990," *The Philosophical Review* 101, 3-51.
H・バターフィールド (著), 渡辺正雄 (訳) (1978)『近代科学の誕生 (下)』講談社学術文庫, 東京.
Chomsky, Noam (1955/1975) *The Logical Structure of Linguistic Theory*, Plenum Press, New York.
Chomsky, Noam (1964) *Current Issues in Linguistic Theory*, Mouton, The Hague.
Chomsky, Noam (1965) *Aspects of the Theory of Syntax*, MIT Press, Cambridge, MA.
Chomsky, Noam (1966/2009) *Cartesian Linguistics: A Chapter in the History of Rationalist Thought*, Cambridge University Press, Cambridge. [本文中では *CL* と略した]
Chomsky, Noam (1969) "Quine's Empirical Assumptions," *Words and Objec-*

tions: Essays on the Work of W.V. Quine, ed. by Donald Davidson and Jaakko Hintikka, 53-68, Reidel, Dordrecht.

Chomsky, Noam (1975) *Reflections on Language*, Pantheon, New York.

Chomsky, Noam (1980) *Rules and Representations*, Columbia University Press, New York.

Chomsky, Noam (1981) *Lectures on Government and Binding*, Foris, Dordrecht.

Chomsky, Noam (1986) *Knowledge of Language: Its Nature, Origin, and Use*, Praeger, New York.

Chomsky, Noam (1988) *Language and Problems of Knowledge: The Managua Lectures*, MIT Press, Cambridge, MA.

Chomsky, Noam (1995) *The Minimalist Program*, MIT Press, Cambridge, MA.

Chomsky, Noam (2000) *New Horizons in the Study of Language and Mind*, Cambridge University Press, Cambridge. ［本文中では *NH* と略した］

Chomsky, Noam (2005) "Three Factors in Language Design," *Linguistic Inquiry* 36, 1-22.

ノーム・チョムスキー, 福井直樹・辻子美保子（編訳）(2015)『我々はどのような生き物なのか――ソフィア・レクチャーズ』岩波書店, 東京.

Cohen, L. Jonathan (1966) *The Diversity of Meaning*, Methuen, London.

Davidson, Donald (1986) "A Nice Derangement of Epitaphs," *Truth and Interpretation: Perspectives on the Philosophy of Donald Davidson*, ed. by Ernest Lepore, 433-446, Blackwell, Oxford.

リチャード・ドーキンス（著）, 日高敏隆・岸由二・羽田節子・垂水雄二（訳）(1991)『利己的な遺伝子』紀伊國屋書店, 東京.

Dennett, Daniel C. (1984) "Foreword," *Language, Thought, and Other Biological Categories: New Foundations of Realism*, by Ruth Garrett Millikan, ix-x, MIT Press, Cambridge, MA.

Dennett, Daniel C. (1991) *Consciousness Explained*, Back Bay Books, Boston.

ダニエル・C・デネット（著）, 山口泰司（訳）(1998)『解明される意識』青土社, 東京.

デカルト（著）, 谷川多佳子（訳）(1997)『方法序説』岩波文庫, 東京.

Dummett, Michael (1976) "What is a Theory of Meaning? (II)," *Truth and Meaning: Essays in Semantics*, ed. by Gareth Evans and John McDowell, 67-137, Oxford University Press, Oxford. Reprinted in Dummett (1993). ［Dummett (1976) のページ番号は, Dummett (1993) のもの］

Dummett, Michael (1986) "A Nice Derangement of Epitaphs: Some Comments on Davidson and Hacking," *Truth and Interpretation: Perspectives on the Philosophy of Donald Davidson*, ed. by Ernest Lepore, 459-476, Blackwell,

Oxford.
Dummett, Michael (1993) *The Seas of Language*, Clarendon Press, Oxford.
Evans, Vyvyan (2014) *The Language Myth: Why Language Is Not an Instinct*, Cambridge University Press, Cambridge.
G. フレーゲ（1986）「意味と意義について」坂本百大（編）『現代哲学基本論文集 I』勁草書房，東京．
Gewirth, Alan (1973) "The Sleeping Chess Player," *The New York Review of Books*, February 22.
Harman, Gilbert (1986) "Quine's Grammar," *The Philosophy of W.V. Quine*, ed. by Lewis Edwin Hahn and Paul Arthur Schilpp, 165-180, Open Court, La Salle.
ヨハン・ゴットフリート・ヘルダー（著），大阪大学ドイツ近代文学研究会（訳）（1972）『言語起源論』法政大学出版局，東京．
ヴィルヘルム・フォン・フンボルト（著），亀山健吉（訳）（1984）『言語と精神：カヴィ語研究序説』法政大学出版局，東京．
ディヴィッド・ヒューム（著），大槻春彦（訳）（1948-49）『人性論：第一篇知性に就いて』岩波文庫，東京．
ディヴィッド・ヒューム（著），斎藤繁雄・一ノ瀬正樹（訳）（2004）『人間知性研究』法政大学出版局，東京．
Jerne, Niels Kaj (1967) "Antibodies and Learning: Selection versus Instruction," *The Neurosciences: A Study Program*, ed. by Gardner C. Qaurton, Theodre Melnechuk, and Francis O. Schmitt, 200-205, The Rockefeller University Press, New York.
イェスペルセン（著），安藤貞雄（訳）（2006）『文法の原理（上）』岩波文庫，東京．
Joos, Martin (1958) *Readings in Linguistics: The Development of Descriptive Linguistics in America since 1925*, American Council of Learned Societies, New York.
Kenny, Anthony (1984) *The Legacy of Wittgenstein*, Blackwell, Oxford.
木村資生（1988）『生物進化を考える』岩波新書，東京．
Kripke, Saul (1982) *Wittgenstein on Rules and Private Language*, Harvard University Press, Cambridge, MA.
ソール・A・クリプキ（著），八木沢敬・野家啓一（訳）（1985）『名指しと必然性——様相の形而上学と心身問題』産業図書，東京．
ソール・A・クリプキ（著），黒崎宏（訳）（1983）『ウィトゲンシュタインのパラドックス』産業図書，東京．
ド・ラ・メトリ（著），杉捷夫（訳）（1932）『人間機械論』岩波文庫，東京．
Lewis, David (1975) "Languages and Language," *Minnesota Studies in the Phi-*

losophy of Science, ed. by Keith Gunderson, 3-35, University of Minnesota Press, Minnesota.

ジョン・ロック（著），大槻春彦（訳）（1977）『人間知性論』岩波文庫，東京．

Marr, David (1982) *Vision: A Computational Investigation into the Human Representation and Processing of Visual Information*, W.H. Freeman, New York.

Nagel, Thomas (1995) "Searle: Why We Are Not Computers," *Other Minds*, ed. by Thomas Nagel, 96-110, Oxford University Press, Oxford.

Neville, Helen, Janet L. Nicol, Andrew Barss, Kenneth I. Forster and Merrill F. Garrrett (1991) "Syntactically Based Sentence Processing Clauses: Evidence from Event-Related Brain Potentials," *Journal of Cognitive Neuroscience* 3, 151-165.

Putnam, Hilary (1967) "Psychological States," *Art, Mind, and Religion*, ed. by William H. Capitan and Daniel D. Merrill, 37-48, Pittsburgh University Press, Pittsburg.

Putnam, Hilary (1975) "The Meaning of 'Meaning'," *Philosophical Papers Vol. 2: Mind, Language and Reality*, 215-271, Cambridge University Press, Cambridge.

Putnam, Hilary (1978) *Meaning and the Moral Sciences*, Routledge, Oxford.

Putnam, Hilary (1988) *Representation and Reality*, MIT Press, Cambridge, MA.

Putnam, Hilary (1992) "Reply to Noam Chomsky," *Philosophical Topics* 20, 379-385.

ヒラリー・パットナム（著），林泰成・宮崎宏志（訳）（1997）『表象と実在』晃洋書房，京都．

Quine, Willard Van Orman (1953) "Two Dogmas of Empiricism," *From a Logical Point of View: 9 Logico-Philosophical Essays*, 20-46, Harvard University Press, Cambridge, MA.

Quine, Willard Van Orman (1960) *Word and Object*, MIT Press, Cambridge, MA.

Quine, Willard Van Orman (1969a) "Reply to Chomsky," *Words and Objections: Essays on the Work of W.V. Quine*, ed. by Donald Davidson and Jaakko Hintikka, 302-311, Reidel, Dordrecht.

Quine, Willard Van Orman (1969b) "Epistemology Naturalized," *Ontological Relativity and Other Essays*, by Quine Willard Van Orman, 69-90, Columbia University Press, London.

Quine, Willard Van Orman (1970) "Methodological Reflections on Current Linguistic Theory," *Synthese* 21, 386-398.

Quine, Willard Van Orman (1986) "Reply to Gilbert Harman," *The Philosophy of W. V. Quine*, ed. by Lewis Edwin Hahn and Paul Arthur Schilpp, 181-188, Open Court, La Salle.

Quine, Willard Van Orman (1987) "Indeterminacy of Translation Again," *The Journal of Philosophy* 84, 5-10.

W. V. O クワイン（著），大出晁・宮舘恵（訳）(1984)『ことばと対象』勁草書房，東京.

W. V. O クワイン（著），飯田隆（訳）(1992)『論理的観点から：論理と哲学をめぐる九章』勁草書房，東京.

Ryle, Gilbert (1949) *The Concept of Mind*, Hutchinson, London.

Rorty, Richard (1986) "Pragmatism, Davidson and Truth," *Truth and Interpretation: Perspectives on the Philosophy of Donald Davidson*, ed. by Ernest Lepore, 333-355, Blackwell, Oxford.

Sapir, Edward (1949) "The Psychological Reality of Phonemes," *Selected Writings of Edward Sapir in Language*, Culture and Personality, ed. by David G. Mandelbaum, 46-60, University of California Press, Berkeley, CA.

Searle, John R. (1972) "Chomsky's Revolution in Linguistics," *The New York Review of Books*, June 29.

Searle, John R. (1980) "Minds, Brains, and Programs," *Behavioral and Brain Sciences* 3, 417-457.

Searle, John R. (1992) *The Rediscovery of the Mind*, MIT Press, Cambridge, MA.

ジョン・R・サール（著），宮原勇（訳）(2008)『ディスカバー・マインド！――哲学の挑戦』筑摩書房，東京.

Smart, J. J. C. (1959) "Sensations and Brain Processes," *Philosophical Review* 68, 141-156.

Soames, Scott. (1984) "Linguistics and Psychology," *Linguistics and Philosophy* 7, 155-179.

Weinberg, Steven (1976) "The Forces of Nature," *Bulletin of the American Academy of Arts and Sciences* 29, 13-29.

Whitney, William D. (1873) *Oriental and Linguistic Studies*, Scribner, Armstrong, and Co., New York.

ウィトゲンシュタイン（著），藤本隆志（訳）(1976)『ウィトゲンシュタイン全集 8：哲学探求』大修館書店，東京.

ウィトゲンシュタイン（著），野矢茂樹（訳）(2003)『論理哲学論考』岩波文庫，東京.

索　引

1. 五十音順に並べ，英語で始まるものは日本語読みにした．
2. 数字はページ数を示す．

[あ行]

アリストテレス　153
イェスペルセン　80
イェルネ（Jerne）　69
意義（Sinn）　42-44
一般習得メカニズム（general learning mechanism）　120, 132, 134-135
一般文法（general grammar）　171, 174
意味（Bedeutung）　42-44
入れ子文（nested sentence）　14
インターフェイス条件　28-29, 90
ウィトゲンシュタイン（Wittgenstein）　vi-vii, 13, 49-51, 53-55, 57
ethnoscience　38, 68

[か行]

"garden-path" 文　13-14
外延（extension）　59-64, 67-68, 105-106, 108, 111
外在的（externalist）アプローチ　39, 41, 44, 46, 70, 78
外在的言語（E-language）　2-5, 108
外的裸条件（bare output condition）　28
概念-意図システム（conceptual-intentional system）　28-29
科学主義（scientism）　37
科学の共約可能性（commensurability）　64-65
学習理論（instructive theory）　69-70
ガリレオ的スタイル（Galilean style）　180-181
観察文（observation sentence）　98
カント　93, 96
機械の中の幽霊（the ghost in the machine）　109, 141, 147-149, 152, 157, 162
記述的妥当性（descriptive adequacy）　22
機能主義（functionalism）　153-157, 159
共通感覚（common sense）　35, 37-39, 68, 131, 150-151, 162
強生成能力（strong generative capacity）　98, 105
強ミニマリストテーゼ（strong minimalist thesis）　30-31, 90
クーン　65
グライス　45
クリプキ（Kripke）　49-53, 63, 67
クワイン（Quine）　93-106, 108-114,

119-122, 126, 128, 132, 136-138, 146, 149, 163, 173
経験主義 (empiricism) v, 3-4, 13, 95, 103, 122, 129-132, 141
経験主義言語学 (empiricist linguistics) 172, 174
計算処理システム (computational system) 29-31
計算処理-表示システム (computational-representational system) 40-41
形而上学的自然主義 (metaphysical naturalism) 148
形而上学的二元論 (metaphysical dualism) 142
言語学的証拠 112-114, 133
言語獲得装置 (Language Acquisition Device) 134-136, 162-166
言語器官 (language organ) 7, 9, 44, 116, 138, 142, 168, 175, 179-180
言語機能 (the faculty of language) vi-vii, 5-7, 11, 13, 27-31, 46, 78, 84, 88, 90-91, 100-101, 105, 108-109, 114, 116, 120, 122, 129, 131, 145, 180
言語形式 10-12, 127, 171-172, 174-175
言語使用の創造性 (creativity of language use) 9-11, 127, 169, 171-173, 175
言語役割の分担 (division of linguistic labor) 62
原理・パラメーターモデル (principles and parameters model) 23-27
コーエン (Cohen) 132-135
構造依存性 (structure-dependence) 87-88, 117, 126
公的意味 (public meaning) 42-43, 46-47, 70-71, 80-81

公的言語 (public language) 41-42, 46, 60, 70-71, 73, 76-77, 80-81
行動主義 (Behaviorism) 13, 94, 108, 119-122, 124, 126, 129-132, 136, 138, 149, 152, 154, 157, 159, 162, 173
合理主義 (rationalism) 3-4, 122, 124, 126, 129
固定指示子 (rigid designator) 67
コネクション原理 164
根元的還元主義 95
根元的翻訳 (radical translation) 93-94, 97, 106, 108, 110, 119-120, 136
コンペタンス (competence) 12-13, 15, 20, 56-57, 127, 129

[さ行]

サール (Searle) 36, 58-59, 84-86, 89-90, 149-150, 154-155, 157-166
サピア (Sapir) 113-114
暫定的理論 (passing theory) 71, 74-77
刺激の貧困 (poverty of stimulus) 19, 24, 131, 137-138
志向性 (intentionality) 36-37
志向的帰属性 (intentional attribution) 38
自己埋め込み文 (self-embedded sentence) 15
自然主義的 (naturalistic) アプローチ vii, 5, 34-36, 77, 80, 94, 97, 100, 108, 146, 160-161
指定主語条件 (Specified Subject Condition) 124-126
弱生成能力 (weak generative capacity) 98, 105
消去的帰納法 (eliminative induction)

132-133
ジョーズ（Joos） 174
心身問題（mind-body problem） 7, 141-142, 144-147, 149-150, 152, 157-160
心理学的実在性（psychological reality） 113-114
心理学的証拠 111-114
心理主義（mentalism） 149, 151-153, 155-157, 162
心理的・心的状態（psychological/mental state） 7, 50, 59-62, 68, 142, 150-152, 156-157, 159-162, 164-166
精神器官（mental organ） 131
生得説 18-19
生得的仮説（innateness hypothesis） 68, 70, 129
生物学的自然主義（biological naturalism） 157, 160
接触力学（contact mechanics） v, 35, 109, 143-145, 152, 159
説明的妥当性（explanatory adequacy） 22
全体主義（holism） 93, 95-97
選択理論（selective theory） 70
双地球（twin earth） 47, 60-65
ソームズ（Soames） 114-119
ソシュール 20, 44-45

[た行]

第三の要因（third factor） 29-31, 90
タブラ・ラーサ（tabula rasa） 132
ダメット（Dummett） 41-42, 57-59
チューリング 154
チューリング機械（Turing machine） 153-155

チューリングテスト 58-59, 154
調音-知覚システム（articulatory-perceptual system） 28-29
直示的定義（ostensive definition） 61-64
ディヴィッドソン（Davidson） 71-77
デカルト v, 9, 35, 86, 127, 141, 143-146, 155, 160, 162-163, 167, 169-171, 175-177, 179-180
デカルトの神話 141
デカルトの二元論／二元主義 9, 35, 142-143, 146, 148, 152, 162, 171, 180
デカルトの問題 12
デカルト派言語学（Cartesian Linguistics） 86, 167-169, 171-172, 174-176, 179-180
哲学的文法（philosophical grammar） 171, 174
デネット（Dennett） 147-148, 165
統合（unification） 7, 40, 145-146, 149, 155, 157
統語論の自律性のテーゼ（the thesis of autonomy of syntax） 84, 90

[な行]

内在的（internalist）アプローチ vii, 3, 38-39, 52, 54, 60, 62, 70, 80-81, 94, 100, 108
内在的言語（I-language） 2-6, 9, 11, 15, 21, 38-39, 44, 48, 70-71, 77, 80, 105, 108, 116, 178
内省（introspection） 5-6, 113
内包（intension） 59-60
ニュートン 35, 109, 143-144, 159, 179
認識論的自然主義（epistemic natural-

ism) 149
ネーゲル (Nagel) 158-160, 166

[は行]

バージ (Burge) 150-151
パース 133
バターフィールド 143
パットナム (Putnam) 33-41, 59-68, 70-71, 78-80, 146, 153-155, 157-158
パフォーマンス (performance) 12-13, 15, 56-57, 126
ヒューム vi, 66-67, 160-161, 179-180
表象 (Vorstellung) 42-44
フッサール 180
普遍文法 (Universal Grammar) 21-26, 28-29, 89-90, 102, 110, 131-132, 136, 138
プラグマティズム 93, 96
プラトン 15-16, 118
プラトンの問題 18, 25
ブルームフィールド (Bloomfield) 172-173
フレーゲ 42-44, 46, 59-60
ブレンターノのテーゼ 36
フロイト 164
ブロック (Block) 154, 156-157
分析仮説 (analytical hypothesis) 99, 120
文法の自律性 28
フンボルト 10-12, 127, 171-172, 174, 179
ベバー (Bever) 111-112
ヘルダー 137, 176-180
ホィットニー (Whitney) 174
方法論的自然主義 (methodological naturalism) 146
方法論的二元論／方法論的二元主義 (methodological dualism) 34-37, 122, 146-147
ボールドウィン (Baldwin) 147-149
ポパー 135
翻訳の不確定性原理 (principle of indeterminacy of translation) 99-100, 102, 120, 136

[ま行]

マー (Marr) 38-39
盲視 (blindsight) 165-166
モジュラー (modular) 的アプローチ 13, 57, 71, 82, 90-91, 131, 135

[や行]

唯物主義 (materialism, physicalism) 150-152, 157, 159, 162
読み取り可能条件 (legibility condition) 28

[ら行]

ライプニッツ 130-131
ライル (Ryle) 141-142, 147, 149, 152, 157, 159, 162-163
ラ・メトリ 170-172
離散的無限性 (discrete infinity) 11, 117
理想化 (idealization) 77-79, 81, 83-84, 181
ルイス (Lewis) 44-46
論理実証主義 (logical positivism) 103

著者紹介

阿部　潤（あべ　じゅん）

元東北学院大学文学部英文学科教授．1961 年，宮城県生まれ．1986 年，筑波大学大学院文芸・言語研究科より修士号を取得．1993 年，コネチカット大学言語学科より博士号取得．東洋女子短期大学専任講師，名古屋大学言語文化部助教授，東北学院大学教授を経て，現在は言語学に関する執筆・講演活動に専念．
　著書：『生成統語論入門——普遍文法の解明に向けて』（開拓社，2016），*The In-Situ Approach to Sluicing* (Linguistik Aktuell—Linguistics Today 222, John Benjamins, 2015), *A Movement Theory of Anaphora* (Studies in Generative Grammar 120, Mouton De Gruyter, 2014)，『問題を通して学ぶ生成文法』（ひつじ書房，2008），『生成言語理論入門』（共著，ひつじ書房，2000）．
　主な論文："The EPP and Subject Extraction" (*Lingua* 159, 2015), "'Lasnik-Effects' and String-Vacuous ATB Movement" (with Norbert Hornstein, *Ways of Structure Building*, ed. by Myriam Uribe-Etxebarria and Vidal Valmala, Oxford University Press, 2012), "Scrambling and Operator Movement" (*Lingua* 122, 2012), "Real Parasitic Gaps in Japanese" (*Journal of East Asian Linguistics* 20, 2011), など．

生成文法理論の哲学的意義
——言語の内在的・自然主義的アプローチ——

著作者	阿部　潤
発行者	武村哲司
印刷所	日之出印刷株式会社

2017 年 4 月 27 日　第 1 版第 1 刷発行

発行所　株式会社　開拓社

〒113-0023　東京都文京区向丘 1-5-2
電話　（03）5842-8900（代表）
振替　00160-8-39757
http://www.kaitakusha.co.jp

Ⓒ 2017 Jun Abe　　ISBN978-4-7589-2243-2　C3080

JCOPY　<（社）出版者著作権管理機構　委託出版物>

本書の無断複写は，著作権法上での例外を除き禁じられています．複写される場合は，そのつど事前に，（社）出版者著作権管理機構（電話 03-3513-6969，FAX 03-3513-6979，e-mail: info@jcopy.or.jp）の許諾を得てください．